DESPERTE A SUA VITÓRIA

Desperte a sua vitória

1ª edição: Abril 2023

Autor:
William Sanches

Revisão:
Equipe Citadel

Projeto gráfico e capa:
Claudio Szeibel
designed by freepik.com

DADOS INTERNACIONAIS DE CATALOGAÇÃO NA PUBLICAÇÃO (CIP)

Sanches, William
Desperte a sua vitória : método poderoso para destravar suas crenças limitantes e criar uma nova realidade / William Sanches. — Porto Alegre : Citadel, 2023.
224 p.

ISBN 978-65-5047-207-8

1. Autoajuda 2. Desenvolvimento pessoal 3. Sucesso I. Título

23-1637 CDD 158.1

Angélica Ilacqua - Bibliotecária - CRB-8/7057

Produção editorial e distribuição:

CITADEL Grupo Editorial
contato@citadel.com.br
www.citadel.com.br

WILLIAM SANCHES

DESPERTE A SUA VITÓRIA

MÉTODO PODEROSO PARA **DESTRAVAR SUAS CRENÇAS LIMITANTES** E CRIAR UMA NOVA REALIDADE

CITADEL
Grupo Editorial
2023

SUMÁRIO

Introdução

Que bom que você pegou este livro nas mãos. Agora ele passou a ter vida.

Um livro só faz sentido quando alguém o abre e o lê.

Um livro na estante, nas caixas ou nas prateleiras não tem vida, ele só tem vida quando alguém passa a lê-lo, porque tudo o que está escrito em suas páginas passa a habitar dentro das pessoas. Essa é a mágica!

Por isso, te desejo uma energia abençoada! E desejo que você, a partir de agora, reconheça a vitória que já existe aí dentro, mas que pode estar apagada, assim como um livro na estante.

Mas não se preocupe com isso agora, vamos juntos, de mãos dadas a cada linha.

Quando escrevi este livro foi com o propósito claro de te dizer uma coisa: você pode ter uma vida muito melhor do que a que tem hoje, sem as correntes que te prendem e te impedem de avançar.

Você pode ir MUITO ALÉM DO LUGAR em que está.

Eu não duvido do ser humano. O ser humano tem a capacidade de virar o jogo, cocriar prosperidade, trazer prosperidade para si e se abençoar. E quando isso acontece, quando você sai da escassez, se abençoa e agradece todas as coisas boas que te aconteceram, você passa a confiar em si mesmo e cria à sua volta o verdadeiro círculo da vitória.

Esta é a minha missão: AJUDAR A DESPERTAR A *vitória das pessoas.*

É isso que tenho feito através de todos os programas de rádio e TV que participo, dos meus livros, das palestras e cursos em todo o mundo, onde tenho a oportunidade de falar. E, modéstia à parte, tenho feito muito bem, porque coloco muito amor em tudo o que faço.

E foi assim também com este livro. Ele foi escrito com muito amor, muita conexão e o propósito de fazer você despertar a sua vitória, sair da depressão, sair da ansiedade, deixar para trás o fluxo da escassez e viver a prosperidade verdadeira, não uma falsa prosperidade.

Quando falo de prosperidade, não me refiro só a dinheiro, mas a ser próspero de uma forma integral. Uma vida próspera envolve você estar feliz e em paz em todas as áreas. É ter um relacionamento próspero, um marido ou uma mulher que te valorize, filhos que te tratem bem, um trabalho legal, ou uma empresa que vai para a frente, em que os colaboradores gostem de trabalhar, é estar com a saúde boa. Ou seja, todos os campos da sua vida fluindo em harmonia. E é isso que é gostoso e bonito na vida e que faz com que ela vá para a frente. E nós despertamos isso trazendo conhecimento para a nossa história.

O conteúdo que selecionei para compartilhar com você neste livro é para te ajudar a cocriar uma realidade abençoada e próspera.

Deus é o Criador e nós somos cocriadores da nossa realidade, mas depois falarei mais sobre isso.

De tudo aquilo que estudei e estudo, porque estou sempre me aprimorando e estudando técnicas novas a todo o tempo, eu tenho trazido para a minha vida muito conteúdo de transformação. Primeiro os aplico para mim, cocrio a minha realidade e depois compartilho com você.

Este livro é para te ajudar a percorrer um caminho mais suave rumo à sua vitória. Ao longo dos capítulos, vou te mostrar conceitos e técnicas para que você possa reprogramar a sua mente e mudar completamente a sua vida.

MAS TODA A MINHA DEDICAÇÃO E TODO O MEU AMOR NÃO BASTAM SE VOCÊ TAMBÉM NÃO ESTIVER COMPROMETIDO.

Então, peço só uma coisa de você: durante a leitura deste livro, esteja verdadeiramente do lado de cá, dentro destas páginas, focado.

Não vale ler com um olho aqui e o outro na novela. Porque, se fizer isso, se estiver aqui só com metade da sua atenção, você provavelmente vai perder informações valiosas e não vai fazer downloads muito importantes…

Ah, por falar nisso, deixa eu te explicar como funcionam os downloads. Sabe aquelas velhas "fichas que caíam"? Pois é, agora as fichas não caem mais. Agora são downloads que fazemos. Muito mais rápido e mais moderno.

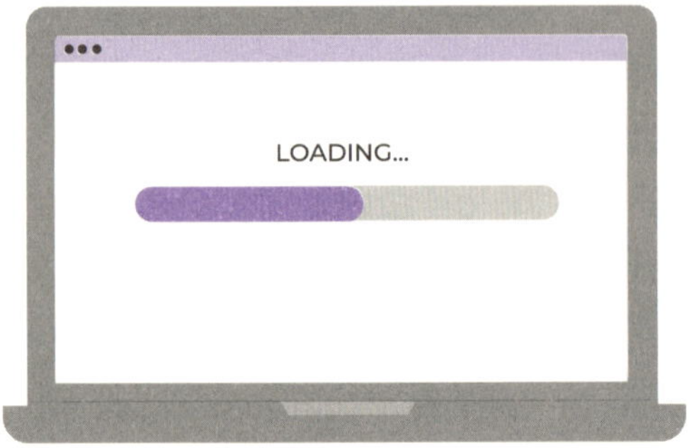

E de onde vêm esses DOWNLOADS?

Eles vêm do astral.

Todo o conhecimento está no astral e, para acessá-lo, você só precisa se conectar na rede wi-fi correta.

E uma coisa eu posso te garantir: não é a rede da novela ou a do futebol!

Mais uma coisinha: você vai ver que neste livro eu vou falar com você ora no feminino, ora no masculino... sabe por quê? Porque a vitória e a prosperidade são para todos e elas não ligam para isso de gênero. Então, não importa se eu escrevi "vitorioso" ou "vitoriosa". Você pega a informação que é importante e leva para a sua vida, combinado? A alma não tem sexo! E em alguns momentos faço isso de propósito para provocar a sua mente.

Se estiver cem por cento comprometido ou comprometida com a sua transformação e com o seu desenvolvimento, se fizer os exercícios recomendados, se mergulhar fundo em você, coisas muito boas vão começar a acontecer. Os sinais começam a surgir...

Não estranhe se, durante a leitura deste livro, você começar a se sentir mais criativo, perceber coisas que antes não estava vendo, encontrar dinheiro inesperado, for mais elogiada...

E, claro... tem também as coisas amarelas! O amarelo é a cor da prosperidade, da criatividade, do ouro, da riqueza... Não estranhe se, ao se conectar com tudo isso, muitas coisas amarelas começarem a aparecer na sua frente.

Sempre que isso acontecer, sempre que vir um objeto amarelo, pense ou até mesmo diga em voz alta:

"EU DESPERTO A MINHA VITÓRIA!"

E eu tenho certeza de que, quando isso acontecer, você vai pensar: "Bem que o William disse que eu ia ver os sinais". Acredite: você vai ver muitos sinais enquanto lê este livro.

Bem, agora que já estamos sintonizados, vamos logo ao que interessa. Afinal, quem tem dor, tem pressa; quando algo nos incomoda, temos pressa.

Com amor, William Sanches

Capítulo 1

As leis que nos regem

Eu trabalho com desenvolvimento pessoal há mais de quinze anos e posso atestar que nunca se falou tanto desse assunto.

A espiritualidade, o desenvolvimento pessoal e a prosperidade nunca estiveram tão em voga.

Quando comecei nessa área, fui estudar com grandes mestres, porque eram pouquíssimos os que trabalhavam com desenvolvimento pessoal e prosperidade.

Eu via que no mundo havia dois tipos de pessoas: as que eram prósperas e abundantes e as que não davam certo na vida, que perdiam o tempo todo. Eu pertencia ao segundo grupo, mas logo entendi que as pessoas prósperas deviam fazer algo de diferente. Tinha que haver um segredo, algo que elas sabiam e eu não. Eu queria saber como conseguir aquilo, então fui aprender a ser próspero, fui descobrir como ficar rico.

PRECISEI ESTUDAR PROSPERIDADE E AS QUESTÕES DA ABUNDÂNCIA PARA PODER CRIAR UM COLAPSO POSITIVO NA MINHA VIDA E COCRIAR A MINHA REALIDADE.

Esse é um ponto importante que você precisa entender, então já faça este download: Deus é nosso Pai, Criador de todas as coisas. E nós somos cocriadores da nossa realidade. Pegou? Deus é Criador e nós somos cocriadores. Mas como é que nós cocriamos a nossa realidade?

Pense em um bebê nascendo. Quando está protegidinho na

barriga da mãe, esse bebê recebe tudo dela. Ele não respira. Mas, quando sai da barriga, ele instintivamente puxa o ar. Ele não vê o ar, não sabe da importância do ar, mas seu corpinho recém-nascido está programado para respirar, senão ele não se mantém vivo nem por alguns minutos.

Do mesmo modo, existem leis que nos regem e controlam a nossa vida, independentemente do nosso conhecimento.

Essas leis funcionam, mesmo que a gente não acredite nelas.

LEI DA ATRAÇÃO

A primeira lei infalível que nos rege e que você precisa entender é a Lei da Atração.

O Universo te dá exatamente aquilo que você pede. Mas atenção: você não recebe aquilo que pede em palavras, e sim o que pede com a sua energia, com a sua vibração.

O que faz a atração é a energia. O Universo se conecta com a sua energia. Então, quando às vezes você pensa que a Lei da Atração não funciona e que as coisas não acontecem para você, pare e reflita um pouquinho.

As coisas não acontecem mesmo? Ou não acontece o que você quer, do jeito que você quer e na velocidade que você quer? Porque, de fato, as coisas estão acontecendo, sim, e o tempo todo. Veja só: você estava dormindo e acordou hoje. Então tudo está fluindo. O Universo está fluindo. E tem muita coisa boa, muita coisa positiva acontecendo o tempo todo.

Agora, aquilo que não é tão bacana e que está acontecendo com você, foi você que atraiu para a sua vida também. Foi a sua energia que levou mais disso aí para você. Porque o Universo se conecta através da energia, e nada, absolutamente nada, chega perto de você se não estiver na mesma sintonia, na mesma vibração.

Ao longo deste livro você vai aprender a elevar a sua energia para cocriar a realidade fantástica que você merece. Por enquanto, só preciso que você faça este download: a Lei da Atração é infalível, funciona o tempo inteiro e se conecta com a sua energia, não com as suas palavras.

LEI DO RETORNO
ou Lei da Ação e Reação

Existe uma lei que funciona em paralelo à Lei da Atração e que nos diz que nós sempre recebemos na medida exata do que damos. É a Lei do Retorno.

Mais uma vez, a Lei do Retorno está muito mais conectada à energia do que a qualquer outra coisa.

O Universo não faz julgamentos. A Consciência Suprema não está ali olhando para você e dizendo: "Olha, aquele ali é um homem mau, vamos dar coisas ruins para ele". Ou: "Veja que mulher cruel, ela merece sofrer". Não é assim que funciona.

O que acontece é que, se você faz algo "ruim" – e por "ruim" entende-se que não esteja ressoando em harmonia com o ser divino e abençoado que você é –, você emana uma energia e uma vibração.

O Universo se conecta com essa energia e te devolve mais dela.

É assim que funciona a Lei do Retorno, e ela é acionada automaticamente toda vez que você toma uma ação.

A CADA AÇÃO, A LEI DA AÇÃO E REAÇÃO É ACIONADA.

LEI DO LIVRE-ARBÍTRIO

Em paralelo à Lei da Atração e a Lei da Ação e Reação, existe a Lei do Livre-Arbítrio. Deus nos fez à sua imagem e semelhança e nos deixou livres para escolher que caminho seguir.

Pense na vida como um banquete. Nós podemos montar uma mesa cheia de coisas bonitas e gostosas, mas não podemos obrigar ninguém a comer. Essa é uma analogia muito verdadeira. O Universo é abundante e comemora cada vez que alguém prospera, mas ele não pode obrigar ninguém a prosperar.

Você vai aprender muitas coisas neste livro, terá acesso a muitas técnicas. Ainda assim, implementá-las ou não na sua vida é uma questão de escolha.

Cada criatura somente
PODERÁ VER ATRAVÉS
da luz que
ACENDEU NA SUA
própria alma.

Isso significa dizer que não podemos despertar a luz nos outros.

Podemos apenas despertar a luz em nós e, uma vez com essa luz acesa, podemos nos tornar velas.

A vela, quando encosta em outra, a acende e mesmo assim não se apaga. As duas seguem acesas. Uma vela não perde sua luz ao acender outra.

VOCÊ PODE SER UMA VELA. PODE COMPARTILHAR SEU CONHECIMENTO, MAS NÃO PODE OBRIGAR O OUTRO A SEGUIR O MESMO CAMINHO QUE VOCÊ.

Um belo exemplo prático disso é quando, numa família, os pais incentivam o filho a estudar, fazer cursos, anotar as matérias importantes, se desenvolver, mas o garoto não quer. Não importa quantas oportunidades o pai e a mãe deem.

Quando esse filho não quer, ele não vai se concentrar, vai dar um jeito de burlar tudo, enganar todo mundo, e não vai aprender. Ele fez essa escolha.

Agora, da mesma forma que a Lei do Livre-Arbítrio nos diz que podemos escolher o que plantar, a Lei do Retorno nos mostra que a colheita é obrigatória.

Você só colhe o que planta

E é por isso que talvez a Lei da Atração pareça não funcionar para você, porque você não sabe muito bem o que está plantando.

Capítulo 2

Como funciona a nossa mente

Agora que você entendeu essas leis universais e já sabe que precisa acender a sua própria luz, vamos mergulhar um pouco mais fundo.

Você já se perguntou por que algumas pessoas aparentemente têm tudo para dar certo e não dão?

Você pode estar pensando: "Ora, William, eu conheço pessoas muito boas, mas que nunca prosperam. Será que as leis universais não funcionam para elas?". Funcionam, sim.

Quantas vezes você já ouviu a história de pais muito ricos que deixaram uma fortuna para os filhos, mas eles, em poucos meses, perderam tudo o que receberam de herança?

Sabe por que isso acontece? Porque eles não eram prósperos, não aprenderam a lidar com o dinheiro e com outras coisas, assim sua mente cria um estado de escassez em torno deles.

Existem duas maneiras de ver a vida. Uma é como ganhador, que é como você vai passar a enxergar agora.

VOCÊ ESCOLHE SE SENTAR NO BANCO DE ALUNO, OLHA PARA TODAS AS SITUAÇÕES E SE PERGUNTA: "O QUE POSSO APRENDER COM ISSO?".

Só que tem muita gente que escolhe ver a vida como perdedor. Essas pessoas se sentam no banco da vítima, estão sempre reclamando e se tornam prisioneiras do fluxo da escassez.

Para entender melhor isso, quero te explicar como a nossa mente funciona.

AS DUAS MENTES

Olhe a imagem a seguir. Nela você pode ver que a nossa mente está dividida em duas partes: mente consciente e mente inconsciente.

A mente consciente é AQUELA EM QUE VOCÊ está prestando atenção

Você está lendo este livro, viu a cor da capa, olha o ambiente à sua volta, as coisas que estão por aí.

Tudo isso você assimila com a sua mente consciente.

Também é com a sua mente consciente que você tenta compreender o mundo, a si mesmo e julga as coisas.

Você está lendo agora, por exemplo, e pode estar pensando: "Isso é para mim". Ou então: "Isso não tem nada a ver, que bobagem".

ESSA É A SUA MENTE CONSCIENTE. ELA É AQUELA VOZINHA INTERNA QUE FICA BRIGANDO COM VOCÊ O TEMPO TODO. E ELA É TAMBÉM AQUELA VOZINHA QUE TE DIZ O QUE É MELHOR PARA VOCÊ...

Mas olha só o tamanhinho dela. Menos de 10% do total da sua mente.

Como nesse iceberg, o consciente é só a ponta, todo o restante está embaixo.

Agora, olha o tamanho enorme da mente inconsciente, uma camada mais abaixo, onde estão as memórias mais profundas.

Vou te explicar melhor nesta imagem:

Sabe o que a mente inconsciente representa? A profundidade de toda a sua mente. Tudo o que você foi aprendendo ao longo da vida e guardando aí.

Isso mesmo, o nosso cérebro, na tentativa de poupar energia, vai jogando o máximo possível de informações para o inconsciente, assim você não fica sobrecarregada o tempo inteiro.

Então é aí que estão as suas forças interiores, mas também os seus medos e crenças, sejam elas boas ou ruins.

ENTÃO TUDO O QUE você absorve com a sua **mente consciente vai** ser armazenado na MENTE INCONSCIENTE, QUE É GIGANTESCA.

Sério! Você não faz ideia da quantidade de coisas guardadas ali dentro, e muitos dos seus bloqueios de prosperidade vêm daí.

É na mente inconsciente que fica também aquele "pensamentozinho" negativo que fica falando para você que as coisas não vão dar certo, que as coisas não vão funcionar, que isso não é para você, que você é pobre mesmo, que na sua família todo mundo passa dificuldade...

Agora, olhando para essa imagem, me responda com sinceridade: o que você tem feito da sua mente? O que você tem feito dos seus pensamentos? O que você está jogando para o seu inconsciente?

Pense um pouco, já que estamos falando de mente, como têm sido seus pensamentos em relação a sua prosperidade, sua vida afetiva, sua saúde... Esses pensamentos são seus ou são padrões repetidos por outras pessoas que também possuem as crenças delas?

Antes de seguir, recomendo que pense por dois minutos e avalie.

Somos animais que pensam sobre o próprio pensamento.

O FUNCIONAMENTO DA MENTE

Você é uma máquina de fazer escolhas e, a cada escolha que faz, é impactado pelas suas mentes.

É espetacular a gente perceber que a mente consciente tem a percepção do que está acontecendo aqui, mas a mente inconsciente automaticamente acessa uma informação ou uma crença. E muitas vezes são essas crenças que nos impedem de prosperar e de conquistar a abundância.

A todo momento, na hora de tomar uma decisão, você tem um primeiro pensamento, baseado nos dados fornecidos pela sua mente consciente. Esse pensamento acessa a sua mente inconsciente, que busca os registros de experiências passadas e acaba gerando em você um sentimento.

Esse sentimento gera UMA VIBRAÇÃO

Não tem gente que tem o intestino preso, dor de cabeça ou dor de estômago toda hora? Isso acontece porque nossos pensamentos e sentimentos mudam a nossa vibração.

Já passou por alguma situação que te deu medo e até mesmo dor de barriga, e você teve que sair correndo para o banheiro?

Isso acontece justamente por causa da vibração. Mas vamos ver isso mais a fundo.

O PODER DAS PALAVRAS

O cientista Professor Masaru Emoto fez uma experiência com água e grãos de arroz para comprovar o poder dos pensamentos na criação da realidade. Esse sentimento gera uma vibração.

“Mas o que a água e o arroz têm a ver com a nossa realidade?”, talvez você esteja se perguntando.

Ora, o ser humano é constituído de 75% de água. Então, nós somos basicamente um amontoado de partículas de água.

Em seu estudo, o Professor Emoto provou que a partícula de água se altera de acordo com o que acontece ao seu redor. A imagem a seguir mostra uma partícula de água comum observada por um microscópio:

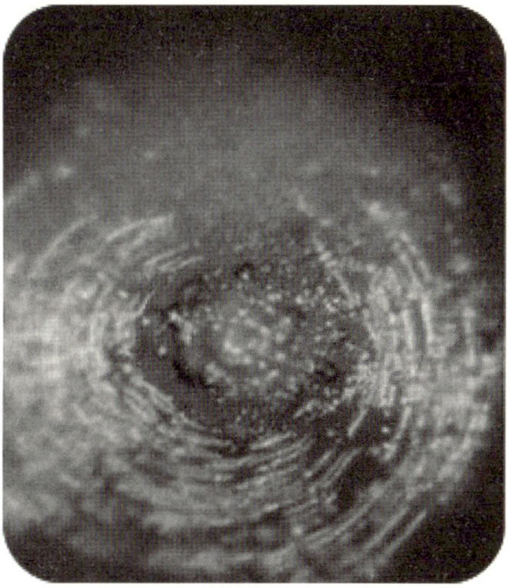

PALAVRAS POSITIVAS PALAVRAS NEGATIVAS

Quando expostas a uma música clássica, as ondas sonoras, que geram uma vibração, influenciam a molécula de água, modificando a sua forma.

Do mesmo modo, quando exposta a uma oração, a molécula de água se modifica, assumindo a seguinte forma:

Mas o Professor Emoto foi ainda mais fundo em seu experimento. Para que essas alterações fossem visíveis a olho nu, ele pegou três potes de vidro e os encheu com grãos de arroz e água, para ver como iam reagir. (Lembre-se de que o arroz é cultivado em água.)

Em seguida, cada pote foi submetido a um tratamento diferente. Ao primeiro, todos os dias ele dizia palavras de amor. Ao segundo, não dizia nada, simplesmente o ignorava, lhe dava desprezo. Ao terceiro, falava palavras agressivas, de ódio.

Agora veja a aparência dos potes depois de um tempo de experiência:

Esse estudo prova o poder dos nossos sentimentos e das nossas palavras sobre a nossa realidade.

Pare um instante e reflita: como são as palavras que saem da sua boca todos os dias? Como são os seus pensamentos? Como é a sua conexão?

PENSE NA PARTÍCULA DA ÁGUA E LEMBRE-SE DE QUE VOCÊ É FEITA DE 75% DE ÁGUA. TUDO O QUE VOCÊ PENSA MUDA A SUA VIBRAÇÃO, MUDA AS PARTÍCULAS DO SEU CORPO E FAZ COM QUE ATÉ OS SEUS ÓRGÃOS FIQUEM DIFERENTES.

Se você pensa coisas ruins, tudo vai mal. Mas quando você está bem, em paz consigo mesmo, tudo fica bem também. Isso acontece porque nossa mente funciona no sistema de espirais.

AS DUAS ESPIRAIS DA MENTE

Imagine um ponto de neutralidade de sentimentos, uma espécie de "ponto zero".

A partir desse ponto você pode seguir em dois sentidos: para cima, elevando seus pensamentos, seus sentimentos e a sua vibração; ou para baixo, tendo sentimentos cada vez mais inferiores e uma vibração cada vez mais frágil.

Cada um desses sentidos representa uma espiral da sua mente.

A ESPIRAL DA ESCASSEZ

A espiral da escassez traz dores, sofrimentos e impede totalmente a sua fluidez. Essa espiral começa no tédio.

VOCÊ SABIA QUE O TÉDIO É UM DOS PIORES SENTIMENTOS QUE PODEMOS TER?

QUANDO NOS SENTIMOS ENTEDIADOS, MANDAMOS PARA O UNIVERSO A SEGUINTE INFORMAÇÃO:

a vida não presta.

NADA TEM IMPORTÂNCIA PARA MIM, PORQUE ESTOU

FRUSTRADO, IRRITADO

e impaciente.

A partir daí, você começa a pensar de uma maneira pessimista, traz uma sobrecarga surreal para a sua vida, se decepciona consigo mesmo. E, se você é capaz de decepcionar a si mesmo, imagine aos outros, não é? E o que acontece quando você tem esse pensamento? Logo, logo passa para o sentimento de desconfiança. Fica sempre com a mente preocupada, se perguntando o que as pessoas estão pensando a seu respeito.

Logo depois vem a culpa pelos momentos em que não foi perfeita, pela falta de coragem, afinal, se você erra, perde completamente a vontade de fazer o que quer que seja.

Os próximos passos são a raiva, a vingança, a inveja, a insegurança, que levam ao medo, à tristeza, à depressão, à impotência, ao vitimismo e ao drama. Ora, quando você está assim, dramática, pesada e presa ao pessimismo, fica realmente impossível ser próspera. O resultado disso? Você atrai mais e mais escassez para a sua vida.

A ESPIRAL DA PROSPERIDADE

Mas nem tudo é ruim nessa história. Existe um contraponto, que é a espiral da prosperidade, que nos leva rumo à superfluidez. Nessa espiral, em vez de descer, como na da escassez, os sentimentos e a vibração vão se elevando.

Tudo começa apenas um ponto acima do tédio, no contentamento. Ora, se você já consegue ao menos se sentir contente, logo nasce em você a esperança, e quem tem esperança vive com otimismo, expectativa positiva, convicção, entusiasmo.

SABIA QUE A PALAVRA GREGA PARA *entusiasmo* SIGNIFICA: "DEUS EM VOCÊ"?

Bem, se Deus está em você, é claro que você sai da escassez, do sofrimento e da dor e entra na prosperidade.

Nesse novo estado, você tem pensamentos positivos e sente alegria, conhecimento, capacidade, liberdade, amor e apreciação, que lhe permitem sentir gratidão.

Essa espiral flui, levantando você e culminando na prosperidade.

AGORA ME RESPONDA: VOCÊ NÃO ACHA QUE MERECE O MELHOR, QUE MERECE ESTAR NA ALEGRIA, NA ESPIRAL QUE TE LEVA PARA CIMA? EU TENHO CERTEZA QUE SIM!

MENTE MESTRA E FORÇA ANÍMICA

Agora que você já entendeu como funcionam as duas partes da sua mente, está na hora de fazer uma revelação: todos nós temos uma terceira mente. A mente mestra.

Quase ninguém vai te falar sobre essa terceira mente ou ensinar sobre ela, mas o fato é que, além do consciente e inconsciente, temos também uma outra força, a força anímica, que está relacionada com a parte imaterial do nosso ser: a alma.

E A NOSSA ALMA TEM UM PODER ESPETACULAR. NÃO IMPORTA O QUE TENHA ACONTECIDO COM VOCÊ, A SUA ALMA SEMPRE RECOMEÇA EXATAMENTE DE ONDE PRECISA.

Não importa qual desafio você enfrente, a sua alma tem força para te reerguer.

E essa força vem da mente mestra.

Você pode chamar de outras formas, se preferir: conexão com o astral, conexão com Deus, sexto sentido, intuição ou mente quântica. Não faz diferença.

O que realmente importa saber é como anda a sua mente mestra.

Você está conseguindo acessá-la ou está bloqueado para ela? Você consegue acessar as bênçãos que estão disponíveis para você no astral?

Existem muitas bênçãos no astral para chegar até você, mas, se você não se conectar com a mente mestra, elas nunca poderão chegar.

E agora eu vou compartilhar algo que é mais um download importante que você precisa fazer:

A vida que você está vivendo hoje é apenas uma das infinitas possibilidades no universo

Se você está bem ou se está mal não é uma questão de sorte ou falta dela. A sorte é tudo aquilo que você traz para si mesmo. É você que enxerga ou não as oportunidades. Você escolhe se banquetear ou não com o que o Universo oferece.

Uma pessoa atenta às possibilidades, que não se vê como vítima, mesmo quando está numa situação difícil, e procura sempre o melhor, pensa: "Isso aqui não combina comigo, não". E logo se põe numa situação melhor.

Sim, porque você sempre está exatamente onde se põe.

E isso é tão verdadeiro que Deus, em toda a sua perfeição, reservou em nossa mente uma parte para a criatividade, para o bem e para os sonhos.

COMO JÁ VIMOS, NÓS COCRIAMOS A NOSSA REALIDADE A PARTIR DOS NOSSOS PENSAMENTOS. SONHOS SÃO UM TIPO DE PENSAMENTO TAMBÉM. ENTÃO, SE PODEMOS SONHAR, PODEMOS REALIZAR.

A grande questão, porém, é que, para realizar nossos sonhos, precisamos da conexão com a mente mestra, e essa conexão está bloqueada pelo excesso de preocupações.

Veja bem, nós ocupamos com preocupações todo o espaço que Deus criou na nossa mente para sonhar. Como a própria palavra já diz, "pré-ocupar" é se ocupar antes da hora.

Se a sua mente já está ocupada com algo – que não deveria, por sinal –, então não pode se ocupar de realizar os seus sonhos.

Não há espaço nem tempo. É como a memória do seu celular que enche e te avisa "memória cheia" ou "sem espaço para armazenamento". A diferença é que essas mensagens de alerta chegam em nossa vida como resultados ruins ou não tão felizes como desejávamos.

Você agora já entende que a mente é extremamente poderosa. O poder da mente funciona mais ou menos assim:

VOCÊ TEM UM PENSAMENTO COM A SUA MENTE CONSCIENTE.

↓

A PARTIR DESSE PENSAMENTO, A MENTE INCONSCIENTE ACESSA AS INFORMAÇÕES QUE VOCÊ ARMAZENOU, GERANDO UM SENTIMENTO.

↓

OS SENTIMENTOS SE CONECTAM COM A SUA ALMA, PODENDO DIMINUIR OU ELEVAR A VIBRAÇÃO DELA.

↓

E A VIBRAÇÃO DA ALMA É TÃO PODEROSA QUE SE CONECTA COM A ENERGIA DO UNIVERSO, COCRIANDO ASSIM A SUA REALIDADE.

Parece simples, mas para compreender isso às vezes levamos uma vida inteira. Que bom que percebemos isso antes e temos tempo de iniciar agora um novo trajeto.

Uma realidade boa gera bons pensamentos. Uma realidade ruim gera pensamentos ruins. E assim o ciclo se repete. A questão é: essa realidade a que me refiro não é externa, é a realidade interna. Não é quando você estiver em um emprego bom que você vai se dedicar e amar, é amando e se dedicando onde está que o "emprego bom" do jeito que você sonha se conecta a você.

Sabe a "nuvem", onde você armazena as coisas no mundo digital, quando seu celular ou seu computador estão com a memória cheia? Então, existe também uma nuvem astral. Todo pensamento que você tem gera um arquivo na sua nuvem astral. Quais são os arquivos que você tem mandado para lá? Que tipo de vibração você tem gerado com os seus pensamentos?

E se fizéssemos agora mesmo
UM DOWNLOAD
DESSES ARQUIVOS
E IMPRIMÍSSEMOS TODOS ELES EM IMAGENS?
QUAL RETRATO MONTARÍAMOS?
O que estaria acontecendo com você?

Como está o seu alinhamento? Você está realmente preparado para viver na abundância? Está preparada para viver com dinheiro? Pronto para viver no melhor?

Agora vamos descobrir o que são os padrões mentais e identificar o seu.

• MINDSET – OS PADRÕES MENTAIS •

No início deste capítulo, eu levantei o questionamento de por que, se existe a Lei do Retorno, algumas pessoas boas nunca prosperam. Agora você já entendeu o funcionamento da mente.

O consciente registra o que acontece à nossa volta e gera um pensamento; o inconsciente acessa as experiências armazenadas nele e gera um sentimento; esse sentimento altera a sua vibração e, por meio dessa vibração, você se conecta com a mente mestra e com a energia do Universo.

Pessoas boas têm bons pensamentos, bons sentimentos, boas vibrações... logo, se conectam com uma boa energia, não é? Não necessariamente.

EXISTE ALGO MUITO IMPORTANTE AÍ NO MEIO: OS PADRÕES MENTAIS.

Já ouviu aquele ditado: "Quem planta colhe"? Certamente é essa a informação que temos no nosso consciente, não é?

Quem planta colhe. Mas agora eu vou te mostrar por que isso não é uma verdade absoluta.

Para que haja uma boa colheita, é preciso muito mais do que uma boa semeadura. Entre o plantar e o colher, há um monte de coisas que interferem. A boa semeadura depende do solo, do clima, da umidade.

Imagine que você joga uma ótima semente num solo fértil. Vai nascer uma planta bonita? Não necessariamente. E se a semente for boa, o solo for fértil, mas não chover? Essa semente não consegue sobreviver sem água. Por outro lado, se chove demais, ela morre afogada.

É por isso que nem sempre quem planta colhe. Conheço milhares de pessoas boas que plantam a vida toda, mas não conseguem colher os bons frutos de seus atos. Isso acontece porque elas estão sempre na escassez, vivendo uma vida de rodapé, no fundo do poço. Já se acostumaram com tudo a respeito do fundo do poço: conhecem o cheiro, sabem o endereço de cor.

Algumas vezes elas até conseguem sair de lá, afinal, também têm força anímica e forças interiores. Mas acabam sempre voltando. Elas não sabem usar essas forças para mudar, não repetir o padrão e não passar de novo, de novo e de novo pela mesma lição.

Além de seu próprio padrão mental, essas pessoas também podem estar lidando com obstáculos externos. Assim como a semente no solo fértil pode não crescer por falta ou excesso de luz ou de água, você também pode ter aí no meio do seu caminho pessoas que te sabotam, pensamentos que te boicotam, bloqueios que fecham as suas forças interiores.

Olhe ao seu redor. Quem anda com você? Existem obsessores no seu caminho? E estou falando aqui de obsessores encarnados mesmo. São amigos que te puxam para baixo, um marido que detona a sua autoestima, filho que te coloca num estado ruim, ou até mesmo você, com pensamentos negativos e se vitimizando o tempo todo.

Todas as vezes que você entra nesses estados, joga a sua vibração lá embaixo, e é por isso que você não consegue fazer um colapso positivo das bênçãos reservadas para brotar no seu caminho.

ACREDITE, EXISTE MUITA COISA BACANA DE VERDADE RESERVADA PARA VOCÊ. E VOCÊ É UM TERRENO FÉRTIL.

Deus te fez um terreno fértil porque quer o melhor para você. O Universo é abundante e tem infinitas possibilidades. E você é feito à imagem e semelhança do que é bom e abundante.

Essa vida que você está vivendo é apenas uma dessas possibilidades. Você é um solo fértil, mas, dependendo de como vibra, acaba germinando coisas não tão boas, como vimos na espiral da escassez: culpa, fraqueza, desprezo, ciúme… Se você entra nesse estado, a vida acaba ficando ruim mesmo.

Imagine uma pessoa extremamente insegura, que não acredita nas forças interiores, que fica toda hora mexendo no celular do namorado tentando descobrir a senha, que cheira a camisa do pobre coitado quando ele vai tomar banho, para ter certeza de que ele não saiu com outra.

Essa pessoa não está aproveitando a bênção do relacionamento feliz que o Universo preparou para ela. Em vez disso, está escolhendo o ciúme com a insegurança. Aí a vida vira um inferno. Ela fica sempre sofrendo, em relações tóxicas.

VOCÊ JÁ VIU QUE A NOSSA MENTE TEM FERRAMENTAS MUITO PODEROSAS PARA COCRIAR A NOSSA REALIDADE. TODOS NÓS PODEMOS VIVER UMA VIDA INCRÍVEL. VOCÊ PODE VIVER UMA VIDA INCRÍVEL.

Mas então por que isso não acontece? É que, ao longo da vida, nós vamos criando obstáculos.

Vamos assimilando verdades, nos organizando e construindo um padrão mental, ou mindset. E, de acordo com o nosso mindset, não conseguimos mais acessar todos os recursos, toda a inteligência sublime e espetacular que Deus, o Criador, nos deu. Nós vamos nos bloqueando e nos acostumando a sofrer.

Você sabia que tem gente que inventa doença para chamar atenção? Tem gente que está presa na cama porque quer atenção do filho, e não consegue perceber que a vida é linda!

EXISTEM BASICAMENTE dois mindsets que importam aqui para a gente: O DO PROTAGONISTA E O DA VÍTIMA.

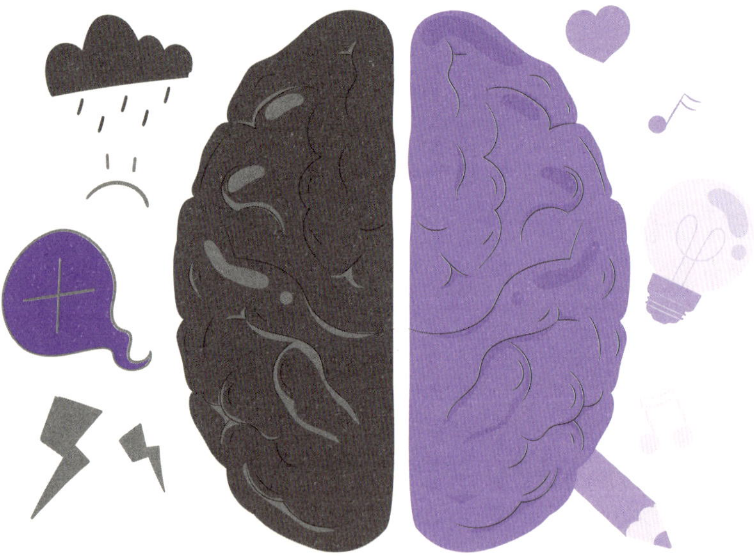

Infelizmente, a grande maioria das pessoas está presa ao mindset da vítima, e não consegue se libertar desse padrão e viver uma vida abundante.

Capítulo 3

O MINDSET da vítima

A vítima é aquela que pensa que nada dá certo para ela. "Eu dou um passo para a frente e dois para trás" é o pensamento padrão.

Quando você se senta no banco da vítima, se coloca num lugar em que só vai ver desgraça, tragédia e trazer depressão para a sua história. Você não consegue ver o tanto de coisas boas que acontecem, não enxerga mais as conexões positivas, porque está cercado de pessimismo e negatividade.

Agora, se o Universo é abundante, se é possível viver uma vida incrível e se esse lugar de vítima só traz infelicidade e desgraça, por que as pessoas escolhem se colocar nesse lugar? Porque elas sabem que, se não for assim, se fizerem sucesso, vão incomodar.

Todo mundo que prospera, que vai para a frente, incomoda. E você precisa estar preparado para isso. Como a maioria das pessoas não está, o que elas fazem? Bloqueiam o fluxo da prosperidade e entram no fluxo da escassez.

O FLUXO DA ESCASSEZ

Como você está vivendo hoje? Está próspero e feliz? Ou será que está vivendo no fluxo da escassez, da negatividade, do medo e da dor?

Quando estamos na escassez, vivemos com dores silenciosas,

que muitas vezes nem percebemos. Nós vamos vivendo aquilo e achando que é “normal”, afinal todo mundo vive assim. São dores silenciosas que tiram a nossa energia. E a maioria das pessoas nem percebe que está na dor.

Agora vamos refletir por um instante e descobrir em que fluxo você está vivendo hoje. Pense um pouco sobre como é a sua vida.

Assinale o comportamento que atualmente faz parte de sua rotina:

( ) Vivencia muitos conflitos, seja no trabalho, na família ou mesmo internos?

( ) Você sofre de ansiedade ou culpa?

( ) Tem transtornos do sono, dorme demais ou tem dificuldade para dormir?

( ) Você tem a autoestima baixa e se acha sempre pior do que os outros?

( ) Sente muito medo, vergonha ou timidez no dia a dia?

( ) Você rói as unhas?

( ) Cai da cama?

( ) Tem distúrbios alimentares?

( ) Come muito e engorda?

( ) Não consegue comer? Emagrece muito rápido sem fazer nada para isso?

( ) Você se sente sempre cansado?

( ) Tem dores musculares constantes?

( ) Acha que está sempre cercado de pessoas invejosas?

( ) Sente que tem muita energia negativa ao seu redor?

( ) Às vezes até acorda bem-disposta, mas ao logo do dia é tomada pela tristeza?

( ) Você sente que está sempre com preguiça e não consegue colocar as coisas em prática nem terminar o que começou?

( ) Você sente que, não importa o quanto você trabalhe, a sua prosperidade está sempre bloqueada?

( ) Tem a sensação de dar um passo para a frente e dois para trás?

E aí? Quantas vezes você assinalou?

____

Será que em algum momento você já havia se dado conta de que essas "dores silenciosas", quase invisíveis de tanto que já foram banalizadas, eram o que estava te impedindo de ter a vida dos seus sonhos?

Esses hábitos são apenas alguns que geram em você um descontentamento, fazendo com que você permaneça na escassez. Quando você está na dor, não é possível ter bons pensamentos, eles são mais raros. Então você sempre vai ter pensamentos de escassez. Como em um círculo vicioso.

E eles vão acessar o seu inconsciente e trazer à tona sentimentos ruins. Isso vai fazer com que você tenha uma vibração frágil, seus hábitos vão se tornando ruins, e é assim que você constrói a sua realidade.

QUANDO VOCÊ VIVE NA DOR, SE TORNA UM ESPANTALHO DA PROSPERIDADE. MESMO QUANDO ACREDITA QUE AS COISAS AGORA VÃO DAR CERTO, ACABA DANDO UM PASSO PARA A FRENTE E DOIS PARA TRÁS, E TUDO DÁ ERRADO DE NOVO.

Isso acontece porque, quando está na dor, você tem uma vibração muito frágil, e é com essa vibração que o Universo se conecta, não com suas palavras.

Aí você pode argumentar: “Mas, William, tem tanta gente por aí com energia ruim, mas que está nadando de braçada no dinheiro”.

A LEI DA ATRAÇÃO É *universal e implacável* e funciona para todos, ATÉ MESMO PARA AQUELES QUE NÃO ACREDITAM NELA.

O Universo só te dá aquilo com o que você se conecta. E você se conecta com aquilo que vibra em sintonia com seus sentimentos.

O que acontece é que tem muita gente vivendo uma falsa prosperidade.

Você olha de fora e acha que são pessoas prósperas e abundantes, mas, numa análise mais atenciosa, percebe que elas estão presas no fluxo da escassez.

O que elas fazem? Gastam um dinheiro que não têm, para comprar algo de que não precisam, para mostrar a outra pessoa que mal conhecem que são algo que na verdade não são.

Elas querem mostrar para os outros que são prósperas, mas não são prósperas por dentro.

O que acontece na prática? A pessoa até tem um carrão bonito, do ano. Mas lá dentro da casa dela, tem um boleto de 60 prestações daquele carro para pagar.

Ela está sempre devendo, pagando boleto, pegando empréstimo consignado, pedindo o cartão do amigo emprestado, pagando mais boleto, aceitando um novo cartão…

E aí, entra no estado de sofrimento, no fluxo da escassez! Você pode me perguntar: “Mas, William, isso é errado? É errado querer ter coisas boas e bonitas?". Não tem isso de certo e errado. Se a metodologia de vida que está usando até aqui funciona para você, ótimo.

Parabéns! Siga com ela.

MAS SE VOCÊ AINDA NÃO ESTÁ VIVENDO A VIDA QUE QUER TER, SE ESSE JEITO DE FAZER AS COISAS ESTÁ ATRAPALHANDO SEU SONO, TE IMPEDINDO DE DORMIR, COMPROMETENDO SEUS RELACIONAMENTOS, TRAZENDO CULPA, ANSIEDADE E DEPRESSÃO, ENTÃO VOCÊ PRECISA MUDAR ISSO E ENTRAR NO FLUXO DA VITÓRIA.

Eu sei que o brasileiro não desiste nunca. Quando a gente quer alguma coisa, dá um jeito, vai lá, trabalha, paga o cartão, paga o boleto... ufa, passou! Mas aí a gente quer outra coisa, e esse ciclo se repete.

É O CÍRCULO VICIOSO DA ESCASSEZ. E É A ELE QUE NÃO QUERO MAIS QUE VOCÊ VOLTE. EU NÃO QUERO MAIS QUE VOCÊ SINTA ESSAS DORES. POR ISSO VOCÊ PRECISA ENTENDER DE ONDE ELAS VÊM.

As dores acontecem porque temos guardadas no nosso inconsciente crenças muito profundas, ideias muito fortes que a gente tomou como verdade absoluta. E é preciso olhar para isso com mais cuidado.

Capítulo 4

CRENÇAS profundas

Você já ouviu falar em “memória de elefante” ou que “os elefantes nunca esquecem”?

Há muito tempo, quando isso ainda era permitido, era muito comum ter números com animais nos circos.

Curiosamente, de todos os animais do espetáculo, o único que ficava na porta do circo, exposto ao público que entrava, era o elefante.

Quando um dono de circo pegava um elefante, o animal era bebê, ainda muito pequeno.

Então, para domesticá-lo, ele acorrentava o pé do elefante.

Naturalmente, o animalzinho tentava se soltar das correntes para sair, puxava, dava um tranco, mas não conseguia.

Depois de um tempo, ele tentava de novo, e mais uma vez não conseguia.

O elefantinho tentava se soltar algumas vezes, sempre sem sucesso.

Ele vai crescendo assim, até que desiste de tentar.

SABE POR QUE ELE DESISTE?

Porque, em determinado momento, antes de tentar de novo, a mente diz assim para ele:

"EU NÃO POSSO. ESSA CORRENTE É MAIS FORTE DO QUE EU..."

VOCÊ É UM ELEFANTE?

Não sei se você percebeu, mas nós somos iguaizinhos a esse elefante do circo. Ele fica parado, "amarrado" na porta do circo, porque acreditou que isso ia acontecer.

DA MESMA FORMA QUE VOCÊ ACREDITOU EM ALGUMAS CORRENTES *que puseram em você* AO LONGO DA VIDA

Vamos fazer um teste para perceber algumas crenças limitantes.

Você já sabe como é, assinale os comportamentos e pensamentos que você tem percebido em você:

( ) Você sente que está sempre paralisada, que algo te bloqueia?

( ) Acha que nada nunca dá certo na sua vida?

( ) Tem até vontade de agir, de fazer acontecer e prosperar, mas simplesmente não tem força?

( ) Está sempre empurrando as coisas com a barriga, deixando para amanhã (um amanhã que nunca chega)?

( ) "Deus é provedor de tudo, Ele se encarregará de me dar tudo o que preciso."

( ) Tem a mania terrível de procrastinar, ou seja, deixar tudo para depois?

( ) Ocupa sua mente com outras coisas, para mudar o foco e não fazer o que realmente precisa?

( ) "Ninguém quer nada sério mesmo..."

( ) "A vida é difícil..."

( ) Já entra nas coisas desistindo? Começa uma dieta sabendo que vai furar?

( ) Vai para uma entrevista de trabalho certa de que não vai ser escolhida?

( ) Dá um match na rede de relacionamentos com a certeza de que não vai ser correspondida?

( ) Acredita que dinheiro não traz felicidade ou que dinheiro é algo difícil de ganhar?

Se você assinalou alguma delas, saiba que essa energia bloqueia toda a sua luz.

AS CRENÇAS LIMITANTES *agem antes mesmo da* FORMAÇÃO DO SEU PENSAMENTO. Elas moldam a sua FORMA DE PENSAR.

• MAS O QUE SÃO AS CRENÇAS LIMITANTES? •

Uma crença é tudo aquilo em que a gente acredita com muita força. É tudo aquilo que foi instalado na sua mente inconsciente e por isso desce para o seu subconsciente e é armazenado como uma verdade absoluta para você.

São essas verdades absolutas que estão te impedindo de avançar. É por causa das crenças que você: não consegue falar em público, não é promovido no emprego, não arruma um namorado, não consegue dialogar com sua esposa, acha que não é merecedor etc.

AS CRENÇAS FORAM INSTALADAS NA SUA MENTE POR UM PADRÃO DE REPETIÇÕES AO LONGO DA SUA HISTÓRIA.

São pensamentos e interpretações falsos, mas que você toma como verdade absoluta.

Essas percepções regem toda a sua maneira de ver a vida.

Por exemplo: se um homem aparecesse agora na sua frente com um tapa-olho, o que você pensaria? Há muitas opções: que ele não tem um olho, que está com uma infecção, que é um bandido ou simplesmente que está fantasiado de pirata.

Fato é que a sua mente imediatamente começa a procurar explicações para qualquer situação que se apresente, e ela vai buscar essas explicações no inconsciente, recheado de crenças implementadas com base nas suas experiências passadas.

• OS TRÊS TIPOS DE CRENÇAS LIMITANTES •

1. Crenças hereditárias

Muitas vezes as nossas crenças têm origem na nossa própria família. Nossos ancestrais só podem nos apresentar a vida pela experiência deles.

Então, não é raro ouvirmos coisas como: "Isso não é para você, porque você nasceu pobre, hein? Na nossa família somos todos pobres". Ou então: "Ah, você vai morrer assim. A sua avó morreu assim, a sua tia morreu assim, a sua mãe morreu assim...". Ou ainda: "Ah, coitadinha, não vai fazer um bom casamento. Nessa família nenhuma mulher tem um bom relacionamento. Ninguém casou bem. Se prepara, que é coisa de família".

Isso acontece o tempo todo e não é porque os pais, os avós ou os tios sejam maus. Eles estão dando o melhor deles, estão fazendo o melhor que podem, dentro de suas limitações.

Muitas vezes, eles também foram criados assim. Por mais que despejassem amor em nós, não tinham como fugir da forma como pensavam e acreditavam no mundo.

As ideias por trás de todo e qualquer discurso feito no núcleo da família vão, aos poucos, sendo enraizadas no subconsciente. São expressões que podem gerar crenças limitantes:

"VOCÊ NÃO É CAPAZ!"

"NÓS SOMOS POBRES, NÃO TEMOS QUE SONHAR COM ESSAS COISAS!"

"VOCÊ NÃO FAZ NADA DIREITO!"

"VOCÊ É DESASTRADA MESMO, DERRUBA E QUEBRA TUDO."

"HOMEM NÃO PRESTA!"

"VOCÊ CASAR? QUEM VAI TE QUERER?"

"NINGUÉM NUNCA VAI QUERER NADA SÉRIO COM VOCÊ!"

Vale lembrar que, além das palavras que podem se transformar em crenças hereditárias, também existem as situações recorrentes ou marcantes que acontecem no ambiente familiar, como: discussões, brigas por dinheiro, traição, apelidos, excesso ou ausência de regras, relação com a comida...

Tudo em torno da nossa criação vai gerando as crenças limitantes hereditárias que podem permanecer por toda a vida e até mesmo serem passadas novamente para a frente.

2. Crenças pessoais

O segundo tipo de crença é o que você mesmo instala na sua cabeça. Você fica repetindo para si mesmo que não consegue e prova isso com exemplos de experiências passadas.

Em vez de focar todas as vezes que tentou algo e conseguiu, você se concentra justamente no que deu errado.

Pare de mentir para si mesmo, de se sabotar e achar que não consegue.

A CRENÇA É UM COLAPSO EMOCIONAL MUITO FORTE. ELA TEM O PODER DE ALTERAR O SEU SENTIMENTO, MUDAR A SUA VIBRAÇÃO, AS SUAS CÉLULAS E MOLÉCULAS. E AÍ PRONTO, MUDOU TUDO.

Vamos pensar em uma pessoa que tem um namorado que ela ama muito. Não faz absolutamente nada sem ele. Aí, quando estão juntos há uns cinco ou seis anos, ele a trai.

Ou então, vamos imaginar uma mulher que, depois de trinta anos de casamento, descobre que o marido tem outra família. Essas duas mulheres podem sofrer um choque tão forte que, na mesma hora, se instala uma crença, que tem origem num conselho fora de contexto que ela ouviu lá atrás, quando ainda era criança, de uma tia amargurada. Ela quase ouve a voz da tia de novo: "Está vendo? Nenhum homem presta. Eu avisei. Eu falei que ele ia te enganar".

Você tinha essa informação registrada e, quando passa pela experiência ruim, a informação se transforma em uma crença.

Há pessoas que quando terminam um namoro, sofrem e decidem que não querem mais ninguém, que vão ficar sozinhas para sempre. E esse medo de voltar a sofrer faz com que acabem ficando sozinhas mesmo.

PORQUE O UNIVERSO

respeita você,

E AS CRENÇAS TÊM MUITA FORÇA

dentro da sua cabeça.

O funcionamento é o mesmo com um cara que é mandado embora da empresa e, a partir desse momento, está sempre com medo de ser demitido de novo.

Não importa que esteja muito bem em outro emprego ou até que tenha sido promovido.

Se já foi demitido uma vez, certamente isso vai voltar a acontecer.

E um jovem que não passou no vestibular na primeira tentativa e agora acha que não vai passar nunca e nunca terá um bom futuro? Mesmo quando passa, ele carrega para sempre a crença do fracasso.

Tem gente que faz o curso de Direito, se forma e não quer prestar o exame da Ordem, porque tem certeza de que não vai passar. É fracasso em cima de fracasso.

Eu mesmo, por exemplo, tinha medo de oferecer meus cursos, porque achava que não ia conseguir vender. Todas as vezes que apresentava um curso meu e fazia uma oferta, eu falava com medo. Fui pesquisar e buscar lá atrás, na minha mente inconsciente, a origem disso.

Lembrei que há muito tempo, quando eu era criança e trabalhava com meu pai na feira, sempre que um freguês me perguntava o preço de um produto, mas não comprava, meu pai dizia: "Você não sabe vender, você não é um bom vendedor".

A voz dele ficou ecoando na minha mente inconsciente por anos e, quando eu ia vender meus cursos ou cobrar por uma palestra, eu me sentia inseguro. Não sabia cobrar. Não tinha segurança no meu conhecimento e no meu valor.

QUANDO VOCÊ DESCOBRE O SEU VALOR, *para de dar desconto* E SE ABRE *para a prosperidade*

Eu precisei limpar essas crenças limitantes para poder falar do meu trabalho, que é tão bonito. Mas eu tinha crenças pessoais.

Eu mesmo tinha colocado na minha cabeça que não era um bom vendedor. Então eu tinha vergonha de cobrar pelo conteúdo de qualidade que oferecia. Eu precisei buscar em minha mente. Usei a parte consciente para buscar na mente inconsciente onde estavam armazenadas as ideias fixas de que eu não era um bom vendedor.

Isso foi libertador! Comecei a ressignificar esses pensamentos ruins e limitantes. Então, toda vez que eu ia fazer uma oferta e a voz interna vinha "avisando" que eu não sabia vender, eu automaticamente trocava por pensamentos como: "Você, William, vende pra caramba!", "Você é um excelente vendedor", "Você vende tudo como água". E foi isso que começou a acontecer.

Em pouco tempo ganhamos um prêmio da plataforma que hospeda nossos cursos pelo ótimo desempenho nas vendas. Perceba que as vitórias vão acontecendo, mas é preciso coragem e cuidado para analisar tudo o que nos impede de ser mais e mais. Nada nos limita a não ser nossas ideias limitantes.

"SEJA TUDO O QUE VOCÊ **nasceu para ser**"

– BRUNO GIMENES

3. Crenças sociais

Por fim, o terceiro tipo de crença é aquele que a própria sociedade coloca na nossa cabeça.

Quantas vezes você ouviu que não deve confiar nas pessoas? Que o mundo é muito perigoso? Ou que não vai ser aceita desse jeito?

Muitas vezes, se você prestar atenção ao que diz, vai perceber que está apenas reproduzindo frases que ouviu na televisão ou que todo mundo diz.

Veja, por exemplo, este diálogo, que poderia acontecer no elevador, na fila do pão ou numa mesa de bar bem perto de você:

– Nossa, está difícil, né?
– Oh, nem me fala. Está muito difícil.
– Precisa ver lá em casa, então. A coisa está muito difícil.
– É... é a crise!

Estou sempre em Portugal, ora em São Paulo, ora em Lisboa. São duas cidades que amo e me dou hoje o privilégio de poder estar em ambas de forma abundante. Quando estou em Lisboa e pego um táxi, muito me entristece ouvir "Seu país é muito violento, não é?", ou comentários do tipo "Lá é muito difícil de vocês levarem a vida". Eu sempre pergunto ao motorista: "Mas quem disse isso?", e eles sempre respondem: "Os brasileiros que aqui vêm".

Percebe que exemplo de crenças sociais? Eu cresci ouvindo que no Brasil ninguém fica rico ou que ninguém vai para a frente por causa da crise. Nunca dei bola para isso e avancei na vida. Hoje ajudo pessoas a despertar a vitória delas.

De que lado você quer estar? De que time você está fazendo parte?

Toda vez que vier um pensamento limitante sobre o país que você mora, diga aí dentro de sua mente: "De quem é essa verdade?".

Com certeza é de alguém que se limitou a vida toda, viveu isso e nisso permaneceu. Se a pessoa acreditar fortemente que a vida é dura, é assim que será para ela. Se ela acreditar que acorda de manhã e está indo para a guerra, assim será.

Algumas crenças limitantes

Já vimos que, ao longo da vida, nós colocamos, e os outros também colocaram, todo tipo de crenças profundas na nossa mente. Crenças de relacionamento, de dinheiro, de saúde.

Tem gente que acredita que precisa ficar doente porque assim vai receber atenção das pessoas, vai ser amada!

Quando eu estava estudando esse assunto, descobri várias crenças que eu tinha em relação ao dinheiro.

Quando eu era criança, minha família era muito pobre. Estávamos sempre com o dinheiro contado, apertado. A gente trabalhava na feira. E sempre que a gente recebia o dinheiro na feira, meu pai guardava. Ele ia espalhando o dinheiro em vários lugares. Deixava um pouco no bolso, mais um pouco na bota, outro tanto na blusa, um rolinho dentro do pneu do carro... Ele ia escondendo o dinheiro.

Dizia que precisava ficar assim, um pouco em cada lugar, porque, se alguém viesse roubar a gente, não levaria tudo. Acontece que muitas vezes ele mesmo esquecia onde tinha escondido o dinheiro, e aquela quantia se perdia de qualquer forma.

O que você acha que a minha mente de criança registrou?

Que a gente precisa guardar e esconder o dinheiro, porque senão alguém vem roubar.

A segunda crença que descobri que eu tinha em relação ao dinheiro é que dinheiro é sujo. Sempre que eu estava trabalhando com meu pai e ia comer alguma coisa, ele dizia assim para mim: “Lava bem a mão, porque dinheiro é sujo”.

Claro que a minha mente automaticamente gravou a informação de que dinheiro é sujo.

Então, por muito, muito tempo mesmo, eu fiquei achando que era errado prosperar, era errado ficar rico. Afinal, se dinheiro é sujo, quem tem muito dinheiro fica sujo também.

Sabe o que eu fazia? Eu me sabotava o tempo todo. Sempre que ganhava muito dinheiro, dava um jeito de gastar tudo.

E depressa. Eu trocava de carro, fazia uma viagem ou ficava doente e acabava gastando tudo no tratamento. Ou mesmo dava para os outros, me deixava ser enganado (porque essa coisa de "Ai, me enganaram" não existe. É a gente que se deixa enganar. Você só é enganado porque é "enganável").

Eu vivia na escassez, até estudar e perceber que as minhas crenças profundas, as correntes que me amarravam, eram ideias fixas, verdades absolutas.

Também acontecia muito de as coisas darem errado para a nossa família. Principalmente com a perua que a gente usava para ir fazer as compras e levar a mercadoria para a feira. Ela quebrava no caminho... E então eu cresci com ideias do tipo: "Preciso guardar dinheiro porque vai faltar", "Eu tenho que guardar dinheiro porque vai acontecer uma emergência", "E se eu ficar doente? Tenho que ter algum dinheiro guardado...".

Olha quanta crença limitante eu tinha!

E não pense você que são só as coisas ruins que te falam que viram crenças limitantes, não.

TEM MUITA COISA BOA, MUITO ELOGIO, QUE ACABA VIRANDO CRENÇA E MOLDANDO O SEU COMPORTAMENTO TAMBÉM.

Porque aí, quando as expectativas sobre você são altas, você carrega um peso muito maior. Afinal, você não pode decepcionar, não é mesmo?

"Olha como minha filha é inteligente, ela não vai dar errado, não."
"Esse aí vai ser um homem de sucesso."
"Essa menina vai casar bem."
"Ela é tão boazinha, vai cuidar da gente para sempre."

Nossa, a boazinha então! Como sofre! Foram embutindo na cabeça dela o tempo inteiro essa ideia.

E aí ela vai sempre sendo a boazinha para todo mundo, cuidando de todo mundo, dizendo sim para todo mundo... Mas não está cuidando dela mesma. Muitas vezes está dizendo não para seus próprios sonhos... São correntes que prendem seus pés.

As crenças limitantes vão muito além do que você possa imaginar.

A seguir, preparei uma lista de algumas crenças.

Não são as únicas, porque há uma infinidade de crenças que pode ter se instalado em sua mente.

Leia a lista, veja quais você tem, e identifique também outras que eu não listei:

- SE SOFREU ISSO UMA VEZ, VAI SOFRER ISSO SEMPRE.
- SE AS COISAS NÃO DERAM CERTO AGORA, É PORQUE NÃO VÃO DAR NUNCA.
- EU SOU FEIA.
- NINGUÉM VAI SE INTERESSAR POR MIM.
- EU NÃO SOU BONITO O SUFICIENTE.
- ESTOU VELHA DEMAIS PARA PROSPERAR.
- NÃO SOU MAIS JOVEM O SUFICIENTE PARA COMEÇAR ALGO NOVO.
- É MELHOR NÃO SER MUITO FELIZ, PORQUE A QUEDA É MUITO MAIOR.
- QUANTO MAIS ALTO SE SOBE, MAIOR O TOMBO.

- EU SOU MEDROSA PORQUE LÁ EM CASA TODO MUNDO É ASSIM.

- SE EU FALAR O QUE PENSO, SEREI REJEITADA.

- ISSO NÃO VAI DAR CERTO PARA MIM.

- NUNCA VOU CONSEGUIR ALCANÇAR MEUS OBJETIVOS OU REALIZAR OS MEUS SONHOS.

- NÃO NASCI PARA SER FELIZ.

- EU SOU DOENTE.

- NÃO SOU CAPAZ DE CUIDAR DE MIM MESMA.

- EU VOU MORAR SOZINHA?

- EU VOU CHEGAR NA FESTA SOZINHA?

- O QUE VÃO PENSAR DE MIM?

- SE MELHORAR, ESTRAGA.
- ALEGRIA DE POBRE DURA POUCO.
- QUANDO A ESMOLA É DEMAIS, O SANTO DESCONFIA.
- AH, SE EU TIVESSE UMA CHANCE...
- EU NÃO CONSIGO APRENDER ISSO.
- OPORTUNIDADE ASSIM NÃO BATE À MINHA PORTA.
- NÃO É POSSÍVEL VIVER DO QUE SE AMA.
- NÃO ME SINTO CAPAZ DE ME CONECTAR COM OUTRAS PESSOAS.
- ME SINTO SOZINHA.
- VIVEMOS NUMA SITUAÇÃO DIFÍCIL PARA TODO MUNDO.

- DINHEIRO E ESPIRITUALIDADE NÃO ANDAM JUNTOS.
- SER RICO É PECADO.
- ODEIO PENSAR EM DINHEIRO.
- PARA GANHAR DINHEIRO TEM QUE TRABALHAR MUITO.
- QUEM É HONESTO NÃO GANHA DINHEIRO.
- PARA SOBREVIVER, PRECISA SUAR.
- A VIDA É DURA.
- VOCÊ ACHA QUE EU CONSEGUI ISSO AQUI COMO?
- DINHEIRO NÃO DÁ EM ÁRVORE.
- DINHEIRO É DIFÍCIL DE GANHAR E FÁCIL DE PERDER.
- DINHEIRO NA MÃO É VENDAVAL.

- EU NÃO TROCO DINHEIRO, DEIXO MINHA NOTA INTEIRA PARA NÃO GASTAR.

- SE VOCÊ TIVER MUITO DINHEIRO, VAI PARA O INFERNO.

- É MAIS FÁCIL UM CAMELO PASSAR PELO BURACO DE UMA AGULHA DO QUE UM RICO ENTRAR NO REINO DOS CÉUS.

DESATIVANDO AS CRENÇAS LIMITANTES

Agora que você já entendeu o que são as crenças, como elas se formam e como impedem a sua prosperidade, quero te perguntar o seguinte: será que você não tem correntes te amarrando e te impedindo de despertar a sua vitória?

Antes de seguir, pense um pouco: se você tiver correntes, quais são elas agora?

É importante identificar antes de seguirmos.

Se você ficar sempre se lembrando das correntes que estão te amarrando, te prendendo, te impedindo de acessar o fluxo da prosperidade, nunca vai conseguir o que quer, seja um relacionamento bom, um namorado bonito, uma pessoa que te respeite, que te faça bem, ou o que for.

VAI SEMPRE CONTINUAR EXATAMENTE DO MESMO JEITO, NA ESCASSEZ.

Como contei, eu tinha muitas crenças em relação ao dinheiro.

Ainda assim, sempre fui muito esperto em insistir que eu ia estudar. Eu falava: "Pai, pode escrever o que estou dizendo. Eu vou estudar!". E o meu pai sempre respondia: "Deixe de besteira, menino. Pobre não estuda, não..."

Já imaginou o que teria sido de mim se tivesse comprado essa crença do meu pai? Se eu tivesse tornado isso uma verdade absoluta para a minha vida? Eu não teria feito quatro faculdades, pós-graduação, diversos cursos. Não teria ido estudar fora do Brasil. Não teria escrito mais de quinze livros, não teria viajado para mais de quinze países. Eu não teria feito nada disso. Não teria falado para um milhão de pessoas, como já falei.

Eu só consegui tudo isso porque fui estudar a prosperidade e fui cocriando a minha realidade. Quando comecei a perceber o sentido da vida, tudo foi fluindo e minha vida foi avançando. Fui fazendo os downloads que precisava fazer, limpando as minhas crenças.

E agora eu quero te ajudar a limpar as suas crenças também.

Por isso vamos fazer um exercício para desativar as suas crenças limitantes.

Escreva a resposta para a seguinte pergunta:

O QUE MAIS VOCE QUER NA VIDA?

Defina um objetivo claro. Por exemplo: quero ser rico.

____

____

____

____

PRIMEIRA ETAPA: IDENTIFICANDO A CRENÇA

Agora vamos trabalhar na identificação da crença que te impede de ter o que você quer. Responda: por que eu não tenho isso?

Se o seu objetivo é ser rico, por que você não é? O que está te impedindo? Escreva a primeira resposta que vier à sua cabeça.

____

____

____

SEGUNDA ETAPA: FALSO ELÁSTICO MENTAL

Agora você vai identificar qual é o elástico que te prende a essa crença. Responda: o que precisa ser verdade para você afirmar isso?

Se, por exemplo, você respondeu algo como: "Ah, porque já estou muito velho para enriquecer". Ou: "Eu já tenho mais de 60 anos". Então, para você, pessoas com mais de 60 anos são velhas e não podem se tornar ricas. Percebe? O que está por trás das crenças que você definiu?

TERCEIRA ETAPA: O QUE ESTÁ POR TRÁS?

Aqui nós vamos fazer mais perguntas para descobrir as diversas camadas da sua crença limitante.

O que está pressuposto nessa declaração? De onde vem essa crença?

Se isso te ajudar, antes de responder, pergunte aí dentro, de onde vem essa ideia? É de forma hereditária, social? Será que foi algo que você viveu e te fez ter essa ideia fixa?

Por que você acredita que pessoas com mais de 60 anos não podem ser ricas, por exemplo? "Ah, porque meu tio foi abrir um negócio com mais de 60 anos, ficou tão estressado que teve um infarto fulminante."

Vamos ver outros exemplos desse exercício:

QUERO SER MÃE.

Ainda não sou mãe porque não arrumei um homem que preste.

Quando eu tive um namorado e falei que queria ser mãe, ele me largou. Bem que minha avó me avisou que nenhum homem presta...

QUERO VENDER MAIS.

Eu não vendo mais porque a situação está difícil, e o povo está sem dinheiro.

A gente está vendo aí o tempo todo, as pessoas não estão gastando...

QUERO UMA CASA NOVA.

Eu não tenho uma casa nova porque tenho medo de fazer um financiamento. Vai que eu não consigo pagar alguma prestação, a casa vai a leilão e eu perco tudo.

Igual à minha colega do trabalho, que atrasou três prestações e tomaram a casa dela.

UMA COISA É TER CUIDADO, OUTRA COISA É TER CRENÇA. O PLANEJAMENTO TE AJUDA A ELIMINAR O MEDO, A CRENÇA TE AJUDA A NÃO SAIR DO LUGAR.

QUARTA E ÚLTIMA ETAPA: RESSIGNIFICANDO A CRENÇA LIMITANTE

Você já entendeu como funciona, não é? E não se deixe enganar. O seu cérebro vai tentar discutir com você e provar que tem razão em ter medo. Ele vai buscar provas de que as coisas dão errado mesmo.

Uma coisa é ser cauteloso, outra coisa é se deixar dominar pelas crenças. É para isso que agora você vai se fazer duas perguntas extremamente poderosas:

1. O QUE POSSO FAZER DE DIFERENTE?

____

____

____

____

____

____

2. Conheço alguém que já chegou aonde eu quero chegar?

Por exemplo, a mulher que acha que não consegue ser mãe porque não casou: o que posso fazer de diferente? Será que eu preciso mesmo me casar para ser mãe? Conheço alguém que conquistou o que eu quero? Alguma amiga sua conheceu uma pessoa muito bacana e juntos formaram uma família, sendo um exemplo de amor e companheirismo? Ou conhece alguma mulher que adotou um filho e está aí, feliz por ter se tornado mãe, independentemente de ter feito isso com um parceiro ou sozinha?

Não importa o jeito que você dê para conseguir as coisas. O seu jeito é o certo.

Você conhece alguém que chegou aonde você quer chegar?

Já chega de alimentar as crenças dos seus antepassados.

A partir de agora, toda vez que lhe ocorrer um pensamento negativo, você vai cancelá-lo.

VOCÊ VAI SER UM caçador de pensamentos negativos

Toda vez que encontrar um pensamento de vítima, mude o fluxo se perguntando:

FLUXO RÁPIDO DE QUEBRA DE NEGATIVIDADE

De quem é esse pensamento?

É meu?

Eu pensaria assim?

Esse sou eu?

Ou eu não penso mais assim e isso não acontece mais para mim?

Então, imediatamente o substitua pelo oposto, acreditando que tudo vai dar certo na sua vida. Escreva agora de forma positiva seu desejo, seus objetivos, sua próxima vitória, sem nenhuma crença ou oposição:

____

____

____

____

Capítulo 5

MINDSET vitorioso

Todos os resultados que você tem na sua vida são oriundos da sua mente, porque aquilo que você pensa cocria a sua realidade.

Lembre-se: Deus é o Criador e nós somos cocriadores.

Através da Lei do Livre-Arbítrio você vai fazendo escolhas e construindo a sua realidade. Porém, como você já viu, as crenças profundas e limitantes podem te atrapalhar nesse processo de construção da realidade que você deseja. As crenças se transformam em muros que te impedem de acessar os seus sonhos e conquistar os seus desejos de prosperidade.

Elas te colocam no fluxo da escassez e no mindset da vítima.

SÃO MUROS QUE TE IMPEDEM DE VIVER MAIS ABUNDANTEMENTE, PORQUE TODO PENSAMENTO QUE VOCÊ EMANA VEM ENRAIZADO COM UMA CRENÇA.

Mas agora você decidiu derrubar as suas crenças e construir um mindset vitorioso.

Você agora está pronto para dizer para o Universo: "Eu cansei de ficar patinando. Cansei de tentar fazer uma coisa e não fluir. Cansei de tentar um projeto, dar tudo errado e eu ter que voltar atrás de novo. Cansei de tentar um relacionamento, ser traída novamente, ou largada. Cansei de arrumar sócios e ser passado para trás. De novo, de novo e de novo... Cansei desses padrões que vão se repetindo".

MUDANDO O PADRÃO

Está na hora de você sair do fluxo da escassez e entrar no fluxo da prosperidade, no fluxo da vitória, mudar o padrão de pensamentos e criar para si não mais um ciclo negativo de coisas, mas um ciclo positivo.

PARA PROSPERAR, TRAZER BÊNÇÃOS PARA A SUA VIDA, VIVER DE FORMA MAIS CONFORTÁVEL, CONQUISTANDO COISAS BOAS PARA VOCÊ E PARA QUEM VOCÊ AMA, VOCÊ PRECISA QUEBRAR AS CRENÇAS E MUDAR O SEU PENSAMENTO.

A crença tem o estado emocional das certezas. Ela te faz ter um pensamento, mas não pensar sobre ele. Confuso? Já vou explicar melhor.

EXISTE UMA DIFERENÇA ENTRE *pensar e pensamento.*

Quando você tem um pensamento, não há reflexão. O pensamento apenas vem. Ele brota na sua mente consciente. Você não o questiona. Ele tem um ar de verdade absoluta e ponto-final.

Quando você pensa, é diferente! O pensar te põe no comando. E, se você quer quebrar os padrões, você tem que começar a pensar sobre os seus pensamentos.

O pensamento ocorre, por exemplo: "Eu nunca vou conseguir ganhar dinheiro". E então você pensa sobre esse pensamento: "Espera aí, o que é isso? Por que eu estou pensando assim? Isso é mesmo verdade? De quem é esse pensamento?".

Porque, na maioria das vezes, esses pensamentos que brotam não são seus. Eles vêm das suas crenças, implantadas pelos outros na sua mente inconsciente.

Agora vamos ver como você vai construir um novo mindset e mudar o seu padrão de pensamentos.

COMO CONSTRUIR UM MINDSET

A sua realidade atual é viver na escassez em algum campo que te incomoda. E, nesse estado, você sente resistência e todo o seu corpo reage. Quando você vive na falta, vive também com tristeza e muitos outros problemas, como tensão, estresse, pressão alta...

O nosso corpo fala e, só de olhar para uma pessoa, podemos dizer qual é o padrão mental dela. Se é o da vítima, ela terá o olhar baixo, a coluna entortada, curvada para a frente, mostrando uma clara apatia. Todo o corpo dela transmite as sensações de tristeza, angústia e medo.

Mas agora você vai aprender a mudar o seu padrão mental, vai entrar no estado de superfluidez e tudo vai dar certo para você. Você vai conhecer as suas forças interiores e aprender a lidar com elas.

Como resultado, seu corpo também vai reagir a isso, e vai se mostrar mais ágil, mais flexível, atento, sempre disposto a entrar em ação. As emoções que ele vai transmitir serão positivas: proatividade, concentração, leveza, felicidade, animação, confiança.

Essa diferença de corpo e de padrão é vista até mesmo na natureza.

Observe por exemplo as águias e as pombas.

A águia é uma ave imponente.

Ela abre suas asas, voa alto, enxerga longe e vai atrás do que quer. A pomba, por sua vez, é uma ave desajeitada, que vive sendo escorraçada, chamada de "rato de asas", menosprezada. Só faz voos curtos e fica sempre no chão, esperando que os velhinhos joguem migalhas para ela.

VOCÊ NÃO NASCEU PARA
ser pomba.
VOCÊ NASCEU PARA SER
águia e voar alto

E é por isso que está lendo este livro e aprendendo as técnicas para mudar seu pensamento, seu processo mental e despertar a sua vitória.

• SINAIS DA MENTE VITORIOSA •

Nós já entendemos bem como funciona o padrão da vítima.

É um padrão de derrota. O perdedor sempre olha para as pessoas procurando o defeito. Ele julga muito. E, como tem o julgamento dos outros extremamente aguçado, também se sente julgado o tempo todo. E por isso tem medo. Então desenvolve sempre os sentimentos de fraqueza, insegurança e timidez.

Como seria não se sentir um perdedor?

Quando você está alinhado com o padrão mental da vitória, você não julga mais ninguém – nem os outros nem a si mesmo. O vencedor olha para todas as situações e pensa: o que eu posso aprender com isso? Se ele está diante de um desafio, não se intimida. Ele levanta a cabeça, respira fundo e faz o melhor que pode. O vencedor sabe que só tem duas opções: ser bem-sucedido ou aprender. A derrota nunca passa pela cabeça dele.

Outro problema que os ganhadores não enfrentam é a

necessidade de agradar a todos. Porque sabem que, quando fazem isso, acabam se tornando alguém que não são. Ora, você só pode ser quem você é. Só pode falar o que tiver vontade e no que acreditar de verdade. Do contrário, você se afasta de si mesmo.

O vencedor é confiante! E essa confiança vem de um padrão mental vitorioso!

DESENVOLVENDO O PADRÃO MENTAL DA VITÓRIA

O processo de funcionamento da nossa mente é o mesmo.

Ou seja, a forma como a nossa mente funciona é a mesma, não importa se você está na escassez ou na abundância, se está no padrão do vencedor ou da vítima.

E como é esse processo?

Diante de qualquer situação (absorvida pelo nosso consciente), nós temos um pensamento (trazido pelo inconsciente, com base nas crenças que introjetamos ao longo da vida).

Esse pensamento gera em nós um sentimento, que muda a nossa vibração. Com base na nossa vibração, nós agimos.

Nossas ações repetidas se tornam hábitos, e os hábitos constroem a nossa realidade.

ENTÃO, PARA MUDAR O NOSSO PROCESSO MENTAL E A NOSSA REALIDADE, PRECISAMOS, ANTES DE MAIS NADA, MUDAR NOSSOS HÁBITOS.

DESENVOLVENDO HÁBITOS MELHORES

"primeiro fazemos nossos hábitos, e então nossos hábitos nos fazem."

– JOHN DRYDEN

Toda vez que fazemos algo pela primeira vez, nossas células cerebrais, os neurônios, se comunicam, formando uma sinapse.

Acontece que gerar uma sinapse demanda energia e, por conta disso, num primeiro momento ela ainda é muito fraquinha.

Quanto mais repetimos a mesma ação, mais forte essa sinapse vai se tornando. É como caminhar numa trilha.

Nas primeiras vezes, o caminho é bem sutil, quase imperceptível.

Mas depois que a mesma trilha foi percorrida várias vezes, a terra já fica bem batida, o mato já não cresce mais ali, e fica bem fácil para qualquer um ver o caminho. Nosso cérebro funciona assim também.

Agora, criar novas sinapses o tempo todo demandaria uma energia enorme, por isso o cérebro percorre os caminhos que já fez, reforçando as sinapses já existentes.

Nosso cérebro, no fundo, é um "senhor preguiçosinho" que quer poupar energia. E é por isso que ele cria os hábitos.

UM HÁBITO É TUDO O QUE FAZEMOS SEM PERCEBER, NEM PENSAMOS MUITO, NÃO CONSUMIMOS ENERGIA!

Ele é composto por três elementos básicos: gatilho, rotina e recompensa.

Funciona assim: primeiro acontece o gatilho. Ele é o estopim que desencadeia uma ação. Depois, essa ação se torna rotina. Para mudar um hábito, você precisa repetir a ação por pelo menos três semanas. Segundo os especialistas, 21 dias é o tempo que nosso cérebro leva para construir e sedimentar um novo caminho. Por fim, vem a recompensa. Você precisa se premiar por ter mantido a sua rotina melhor e mais positiva.

Infelizmente, a maioria dos nossos hábitos é ruim, e construir hábitos melhores demanda um grande esforço.

Imagine, por exemplo, uma mulher que quer acordar cedo.

Mas, antes de dormir, ela já programa o despertador para tocar às 7h, às 7h05, às 7h10 e às 7h15. Qual é a mensagem que ela está passando para o seu cérebro? Ela está dizendo: "Olha, se você não acordar às 7h, não tem problema, não".

E aí o que acontece? Quando toca o primeiro alarme, às 7h, ela não dá bola, não levanta, porque sabe que tem mais outros três programados.

O que ela fez na verdade?

Ela se programou para falhar. Ela já sabe, um dia antes, que não vai levantar às sete da manhã. Isso se torna um hábito. E todos os dias ela só levanta às 7h15 e sai esbaforida, atropelando tudo, coloca qualquer roupa, não se arruma direito, não toma café e acaba passando horas sem comer.

O que esse hábito traz para ela? Estresse! Confusão! Falta de merecimento, porque nem tomar café da manhã ela pode... Ela está presa no fluxo da escassez. Para acessar o fluxo da prosperidade, ela precisa desenvolver um novo hábito matinal, um que traga a ela tranquilidade, saúde, bem-estar, calma, autoamor e autoestima.

O que ela pode fazer, então?

Imagine que ela decida colocar uma máquina de pão programada para as 6h30 e uma cafeteira para as 6h55. Quando der esse horário, a máquina vai começar a assar o pão e a cafeteira vai passar o café. Então, em vez de despertar com o celular gritando do seu lado, ela vai ser acordada pelo cheirinho gostoso do pão e do café frescos. A sensação é muito melhor! Ao fazer disso uma rotina, todas as manhãs, às 7h, quando sentir o cheiro do pão e do café, ela vai levantar na hora.

E, porque cumpriu o que se determinou a fazer, pode se dar uma recompensa, na forma que ela preferir. Pode ser uma geleia especial para comer com o pão fresquinho. Ou um banho quente um pouquinho mais demorado, um tempinho a mais para se arrumar e se maquiar, para se sentir bem consigo mesma o dia inteiro...

Entendeu como funciona?

O GATILHO É ALGO QUE, QUANDO VOCÊ VÊ, LEMBRA OU SENTE, DISPARA EM VOCÊ UMA AÇÃO. É UM LEMBRETE DO QUE VOCÊ QUER FAZER. A ROTINA É A REPETIÇÃO SISTEMÁTICA DA NOVA AÇÃO QUE VOCÊ DESEJA CONSTRUIR. E A RECOMPENSA É ALGO SIMPLES, QUE TE DÊ PRAZER; UMA COISA QUE VOCÊ SE DÁ POR TER AGIDO DE ACORDO COM O NOVO HÁBITO QUE ESTÁ CONSTRUINDO.

Vamos supor que você chegue do trabalho todos os dias cansada e ainda tenha coisas para fazer em casa, como guardar as compras que trouxe do mercado, tirar a roupa do varal etc.

Mas aí você chega, olha para o sofá... e você está tão cansada... então se senta só um pouquinho, pega o controle remoto, liga a televisão, pega o celular, começa a rolar a tela nas redes sociais... e quando você vai ver, passou a noite toda assim.

Ou seja, você tem o hábito de chegar em casa, se jogar no sofá e perder tempo no celular e na TV.

O gatilho que dispara esse hábito é se sentar no sofá. Para mudar essa realidade, você precisa eliminar o gatilho.

Chegou, está cansada e não consegue começar a fazer tudo imediatamente? Tudo bem.

Então você vai se sentar para descansar. Só que não vai se sentar no sofá!

Você vai se sentar à mesa da cozinha, por exemplo. Duvido que passe a noite inteira ali. Permita-se ficar alguns minutos, depois se levante, faça o que tem que fazer e, depois de tudo pronto, se dê uma recompensa, que pode até ser ver televisão sentada no sofá!

E depois de criar um novo hábito?

DEPOIS QUE VOCÊ PROGRAMOU OS GATILHOS, MUDOU A ROTINA E SE RECOMPENSOU, SÓ RESTA A VOCÊ COMEMORAR SUAS PEQUENAS VITÓRIAS!

Celebre! Hoje mesmo! Quais foram seus pequenos sucessos hoje? O que você conseguiu fazer de diferente, rumo à vida mais próspera e abundante que quer ter?

A vida não é feita de grandes vitórias TODOS OS DIAS.

Ela é feita de pequenas vitórias TODAS AS HORAS.

@WILLIAMSANCHESOFICIAL

Capítulo 6

O resgate do eu

Quando estamos longe da nossa essência, nada funciona na nossa vida. Não conseguimos prosperar, parece que não vamos para a frente. Eu tenho uma convicção muito forte sobre isso.

Penso que se não nos amarmos, as coisas não vêm, é como se não se amar fosse mandar uma mensagem ao Universo: "Está ruim e eu mereço isso aqui".

Quando você passa a buscar o autoconhecimento, começam a acontecer coisas na sua vida. Você percebe que algumas pessoas não são tão bacanas, que seu trabalho atual não está te fazendo feliz, percebe logo quando chega alguém com energia negativa...

SER ESPIRITUALIZADO NÃO É FICAR ISOLADO, MEDITANDO, OU IR AO TEMPLO DE QUALQUER RELIGIÃO QUE SEJA. NADA DISSO. SER ESPIRITUALIZADO É SABER SE PERCEBER. SABER ESTAR CONSIGO MESMO.

E, definitivamente, ser espiritualizado não tem nada a ver com religião. Pense numa garrafa... O conteúdo dela, o que está lá dentro e o que importa de verdade é a espiritualidade.

O rótulo é a religião. Você pode mudar o rótulo da garrafa ou até deixá-la sem rótulo, isso não muda em nada o seu conteúdo.

TODOS NÓS, SERES HUMANOS, SOMOS CONSCIÊNCIA. QUANDO EU ME TORNO CONSCIENTE DE QUEM SOU, DE COMO SOU E DOS RESULTADOS QUE TENHO, COMEÇO A PERCEBER SE É ISSO QUE EU QUERO PARA A MINHA VIDA.

Hoje você está vivendo um nível na sua vida. Existem outros níveis.

Existem infinitas possibilidades.

O próprio Jesus dizia: "Na casa do meu pai há muitas moradas". Existem outros mundos, muitos níveis.

Até aqui mesmo no planeta em que vivemos há vários níveis diferentes.

Não existem pessoas que roubam, que enganam, que matam, que se envolvem em corrupção, traem, sentem ciúmes? Claro que sim. Tem gente nos mais variados níveis. Tem os que são mais espiritualizados, que já evoluíram bastante, e tem os que ainda não aprenderam muitas coisas.

Já ouviu alguém dizer assim: "Eu não levo desaforo para casa. Comigo é olho por olho, dente por dente"? Tem coisa mais antiquada que isso? Isso vem lá do tempo da Idade Média, e ainda hoje encontramos algumas pessoas vibrando nessa energia. São pessoas que têm a mentalidade da pobreza, da escassez, da vingança. Elas nunca conseguem trazer felicidade para os diversos campos de sua vida.

Por isso, antes de mais nada, é muito importante identificarmos em que momento da vida você está.

Só então será possível fazer um resgate verdadeiro e definitivo da sua essência.

Existe algum campo da sua vida – seja espiritual, financeiro, de saúde, afetivo – que está com um problema e não está sendo desenvolvido de forma tão bacana?

Se sim, isso significa que seu pensamento, seu sentimento e sua vibração não estão em consonância com o que você quer para esse campo.

VOCÊ JÁ ENTENDEU QUE UMA PESSOA QUE ESTÁ SEMPRE VIVENDO NA ESCASSEZ – NA DOR, NO PROBLEMA, NA DIFICULDADE – VAI CONTINUAR ASSIM, PORQUE ESSA É A VIBRAÇÃO QUE ELA EMANA PARA O UNIVERSO.

E o Universo é uma troca.

Ele me dá mais daquilo que estou dando para ele.

Se estou na escassez, tenho que perceber as trocas que estou fazendo com o mundo.

Como você lida com o dinheiro? Por que algumas coisas te incomodam? Como você vibra quando um colega compra um carro novo, chega com uma roupa nova, um brinco novo?

Examine a sua vibração, porque a forma como você pensa, sente e vibra é o que define se você vai continuar vivendo na escassez ou se pode sair dela.

Será que você está mesmo preparado para a prosperidade e para a abundância?

Deus preparou um infinito de bênçãos para nós, mas nos fechamos. Não prestamos atenção nas bênçãos, não as reconhecemos. Por que o Universo nos daria mais se parecemos ingratos?

AS SEMENTES DO UNIVERSO SÃO SEMPRE BOAS. E NÓS SOMOS O TERRENO. MAS QUE TIPO DE TERRENO ESTAMOS NOS MOSTRANDO? EXISTEM TRÊS TIPOS: O TERRENO FÉRTIL, O SEMIFÉRTIL E O ÁRIDO.

O terreno árido é aquele em que nada nasce. Nada germina. Você pode jogar boas sementes, cuidar dele, mas vai continuar sem germinar.

O semifértil representa aquelas pessoas que até têm uma consciência, mas não fazem nada para mudar.

Sabe aquela pessoa que compra um livro, mas guarda na estante ou dá de presente? Compra um curso, mas não faz? Fala que vai fazer, vai mudar, mas não faz? Essa pessoa é um terreno semifértil.

Ela tem consciência de que precisa mudar, de que precisa fazer alguma coisa, mas não faz.

E quem é terreno fértil é quem já está na consciência, alinhado com a sua essência. Infelizmente é a minoria das pessoas.

A maioria ainda está presa ao padrão da escassez!

SEM ESSÊNCIA, SEM RESULTADOS

Quando nos afastamos de quem nós somos de verdade, não temos os resultados que almejamos para a nossa vida.

Imagine uma mulher que tem o objetivo de conquistar um relacionamento saudável, ter um companheiro bacana, com quem possa construir uma família.

Ela conhece um rapaz interessante e ele a convida para jantar. Ela aceita, toda animada. Chega o dia, ela escolhe o melhor vestido e vai ao salão se arrumar. Faz as unhas, o cabelo, uma maquiagem leve... Mas aí, quando está saindo do salão e vai pagar a conta, ela vê o valor e pensa: "Nossa, como ficou caro! Gastei muito mais do que eu esperava no salão".

Então ela vai para casa se arrumar, mas com que energia ela está agora? A vibração dela já mudou. Ela já está sofrendo esse encontro. Mesmo assim, ela vai. Marcou, está marcado, não é? E ela estava animada...

Então se arruma, mas, enquanto está se arrumando, em vez de se manter positiva diante da possibilidade de conhecer alguém legal, ela está se lembrando do dinheiro que não podia ter gastado.

Então o rapaz chega para buscá-la. Ele é bonito, legal e escolhe um restaurante bem bacana. Eles entram, se sentam, o garçom entrega o cardápio e a carta de vinhos... Então ela olha os preços. A apreensão volta. "Caramba, isso aqui vai ficar caro. E eu já gastei mais do que podia hoje. Será que ele vai pagar ou vamos dividir?"

Mais uma vez, ela não está curtindo a noite, tomada pelas preocupações. Acaba que ela não consegue relaxar, a conversa não flui de modo natural, o encontro não é tão legal quanto poderia ser. A essa altura, os dois já estão achando que aquilo não vai dar em nada e não são a pessoa certa um para o outro.

O jantar termina, eles pedem a conta e, quando chega, decidem que é melhor dividir. Ela olha o valor, paga – é o jeito, né? –, mas imediatamente começa a pensar: "Nossa, isso é muito caro mesmo. Um restaurante desses não é para mim. Será que é isso mesmo que eu quero? Um namorado que me leve a esses lugares que não posso pagar? Será que isso é para mim? Será que eu mereço?".

Pronto! Aquela noite que tinha tudo para ser superespecial, que ela poderia curtir, relaxar, aproveitar e talvez conhecer o homem que ela tanto pediu ao Universo, foi por água abaixo, porque ela não se achou merecedora.

Se você analisar bem, esse é um comportamento recorrente dessa mulher.

Ela age assim com tudo em sua vida. Quando vai ao mercado, escolhe sempre as marcas mais baratas, contando os centavos, independentemente da qualidade dos produtos. Se vai comprar uma roupa, vai sempre direto para o fundo da loja, onde estão as promoções, as peças que sobraram da estação passada.

Ela está sempre reclamando do preço de tudo, pedindo desconto. E nunca, em hipótese alguma, se acha merecedora do que há de bom e de melhor na vida.

Claro que essa mulher está cheia de crenças profundas e limitantes.

Agora, será que essa mulher é você? E aqui, mais uma vez, não importa se você é homem ou mulher.

A PERGUNTA É: SERÁ QUE VOCÊ NÃO ESTÁ CHEIO DE CRENÇAS QUE TE BLOQUEIAM, TE AFASTAM DA SUA ESSÊNCIA PRÓSPERA E ABUNDANTE?

Você é do tipo que olha um carro bonito na rua e pensa: "Ah, quem me dera..."? Quem disse que você não pode? Quem disse que você não pode ter um carro bonito, uma mulher incrível ao seu lado, um homem bom e gentil, uma casa grande, num bairro aprazível...? Quem disse que você não pode? Quem disse que você precisa ficar pensando e dizendo: "Ah, quem me dera"? E as pessoas falam isso o tempo todo!

Sabe por quê? Porque estão presas no passado, afastadas do seu verdadeiro eu.

TRÊS SENTIMENTOS QUE TE AFASTAM DA SUA ESSÊNCIA

Deus, o Universo, é próspero e abundante. Não existe nada que seja impossível para Deus. E o ser humano foi criado à imagem e semelhança de Deus. Isso quer dizer que, em essência, também somos prósperos e abundantes.

Todas as bênçãos que pudermos imaginar estão disponíveis para nós, é só cocriarmos a nossa realidade. E fazemos isso por meio da nossa vibração, que é regulada pelos sentimentos em nosso coração.

No entanto, é muito comum termos três sentimentos que baixam a nossa vibração e nos fazem sentir que damos um passo para a frente e dois para trás, que o dinheiro nunca é suficiente, que a solidão nunca vai embora.

E, se quiser ser próspero e conquistar a vitória, você precisa abolir esses sentimentos da sua vida.

VERGONHA

O primeiro sentimento boicotador é a vergonha.

Quando você não se aceita do jeito que é, acha que as outras pessoas não vão te aceitar. Isso gera uma constante sensação ruim de inaptidão e não pertencimento.

Quando penso e vibro na vergonha, não aceito quem eu sou. Existem inúmeros motivos, inúmeros traços em você que podem lhe causar vergonha: seu jeito de falar, de andar, de se vestir, se achar burra porque alguém te humilhou no trabalho...

Acontece que, enquanto você continuar sentindo vergonha, as pessoas continuarão fazendo isso com você.

Às vezes não é nem só de críticas que temos vergonha. Às vezes nossa autoestima está tão ruim, que nos envergonhamos até quando alguém nos elogia. A pessoa chega e diz:

“Seu cabelo está tão bonito hoje”. E qual é a resposta? “Imagina. São seus olhos. Nem lavei o cabelo hoje...”

Nós estamos tão envolvidos nesse sentimento que achamos que ninguém nunca vai pensar algo legal a nosso respeito.

MEDO

O segundo sentimento boicotador é o medo.

As pessoas sentem medo o tempo todo: medo do desconhecido, de não dar certo, do julgamento, do que vão falar delas. Medo de passar dos 30 anos e não ser mãe, de não casar e formar uma família, medo dos olhares e das cobranças dos outros...

Isso acontece muito, principalmente em festa de família.

Você chega e as pessoas ficam perguntando: "E os namoradinhos?", "Cadê o seu marido? Separou dele? Mas por quê? Ele era tão bom! Agora vai ficar sozinha para sempre, nessa idade..."

Não deixe que as pessoas te influenciem. Elas não sabem da sua realidade. Não deixe de tomar as suas decisões por medo. Só você sabe da sua vida, mas, se continuar fazendo ou deixando de fazer as coisas por medo, nunca vai avançar.

O medo nunca te leva para um lugar melhor. Muito pelo contrário.

Todas as vezes que você vibra no medo, impede que a energia da prosperidade aja em você.

Lembra da espiral da escassez? Quando você sente medo, ele imediatamente te leva a outro sentimento de vibração ainda mais baixo. O medo nada mais é do que a expectativa do fracasso, da derrota.

Quando você se conecta nessa vibração, adivinha o que atrai para a sua vida? Exatamente! Mais fracasso e derrota.

Culpa

O terceiro sentimento boicotador é a culpa.

Esse sentimento é uma pedra pesada que você carrega nas costas e que te impede de avançar, de ver as coisas boas à sua frente, de trazer a prosperidade. Se você está num relacionamento, mas sente culpa por algo que fez em uma relação do passado, não consegue viver o momento com leveza.

Às vezes você está com seus filhos, mas sente culpa por não estar trabalhando. Ou está trabalhando, mas sente culpa por não dar atenção aos seus filhos.

Resultado: o momento presente se torna insuportável. A culpa está intimamente associada ao arrependimento.

Por não ter sido uma boa filha, por não ter sido um neto presente, por ter dito algo que não devia, por não ter dito algo que devia, por ter pedido demissão... O passado. Sempre o passado.

Você precisa entender que passado e futuro não existem.

Se você fica o tempo todo preso ao passado, fica atrelado à culpa, o que gera angústia e depressão. Se fica o tempo todo focado no futuro, acaba sofrendo de ansiedade. “Quer dizer que não devemos pensar no futuro, William?”

Calma! Não é isso que estou dizendo.

Devemos, sim. Mas a única coisa que existe de verdade é o presente. Temos que viver o presente, focar nele, aproveitar as oportunidades, cocriar agora a nossa realidade para que possamos ter o futuro dos nossos sonhos.

NÃO TEM NADA PIOR para a prosperidade do que ESSES TRÊS SENTIMENTOS.

Você precisa entender que passado e futuro não existem.

Então precisamos, de alguma maneira, trabalhar nossa mente para que tenhamos gatilhos diferentes sempre que eles aparecerem na nossa vida. Sim, porque eles vão continuar surgindo, e precisamos desenvolver estratégias para virar esse jogo e acessar a consciência que somos.

Não importa qual seja o seu estado hoje, o seu padrão, ele não é fixo.

Muitas vezes, quando olhamos para nosso resultado atual, nos entristecemos. Mas esse não é o seu estado final e não é assim que tem que ser para sempre. Você pode – e deve – se reaproximar da sua verdadeira essência.

"Tudo concorre para o bem", como nos disse Emmanuel através de Chico Xavier.

Então você precisa focar que tipo de resultado pode ter a partir de agora, sabendo o que você sabe. Todos nós estamos em constante evolução. O caminho da mudança é a nossa verdadeira natureza.

Somos como barcos. Um barco, no porto, está seguro, mas não está sendo tudo o que deve ser. O barco foi feito para navegar.

DA MESMA FORMA, VOCÊ FOI FEITO PARA CRESCER, PARA DESBRAVAR NOVOS RUMOS, FAZER NOVAS VIAGENS, TER NOVAS ESPERANÇAS...

As 10 perguntas que vou te fazer agora têm o intuito de chacoalhar você do porto, para que você comece a navegar rumo à vida dos seus sonhos.

1. O QUE VOCÊ TEM FEITO, MAS NÃO GOSTA DE FAZER?

Eu sei que na sua vida tem algumas coisas que você não gosta de fazer, mas continua fazendo mesmo assim... Talvez você deteste futebol, mas duas vezes por semana se senta ao lado do seu namorado para assistir ao jogo com ele. Por que você faz isso?

Eu sei que essa análise pode doer, porque, afinal, você só faz o que não gosta por medo. Você precisa olhar para o que está atrás da ação e enfrentar os seus medos.

Se você assiste ao jogo com o namorado, mesmo detestando futebol, provavelmente o que está por trás disso é o medo de perder o namorado.

Quando você faz coisas de que não gosta, está indo contra os seus valores, a sua energia. Você contraria o que tem de melhor, que são as suas decisões. Por isso essa pergunta é tão poderosa. Ela te obriga a refletir sobre o que você pensa no momento em que toma uma decisão. Você decidiu deliberadamente fazer algo de que não gosta... Por quê?

Digamos que, durante o sexo, você faz algo que não te deixa confortável, mas não fala nada para não desagradar o parceiro. Muitas vezes ele nem sabe que você não gosta daquilo e se sente desconfortável... Então, se você não disser, nunca poderá mudar e eliminar isso da sua vida.

Às vezes é algo mais simples. Uma comida que sua mãe faz e você não gosta. Você comeu aquilo a vida inteira, porque ela fazia, era o que tinha, e você era obrigado a comer. E agora ela faz para te agradar, porque acha que você adora! E você não conta a verdade, por medo de magoá-la.

Na maioria das vezes, o que está por trás de você continuar fazendo o que não gosta é o medo. O medo de magoar as pessoas, o medo do conflito, o medo de ser rejeitado...

Isso mostra uma falha muito grave na sua autoestima. Um problema sério de autoconfiança.

Essa pergunta pode parecer bobinha, mas não tem nada de boba, não. Porque todas as vezes que você faz algo de que não gosta, vai se distanciando da sua alma, da sua essência.

Imagine se eu não gostasse do meu trabalho. Se eu não gostasse de ajudar as pessoas e de fazer isso por meio dos meus livros. Imagine como sairia este texto.

Qual energia seria colocada nestas páginas. Seria muito ruim, porque eu estaria longe da minha alma.

Por isso, na medida do possível, tente ser honesto, abra seu coração, enfrente seus medos, converse com as pessoas, mostre a sua verdade. Pouco a pouco você vai traçando planos para sair de situações e deixar de fazer coisas que te desagradam.

2. O QUE VOCÊ GOSTA DE FAZER, MAS NÃO TEM FEITO?

___

___

___

___

___

Abrir mão das coisas que te dão prazer também é ir contra a sua luz, contra o seu brilho. Eu, por exemplo, gosto de violão, mas não estou fazendo as minhas aulas, porque ainda não consegui organizar minha agenda para isso. Eu sei que tenho que me planejar melhor e voltar para as aulas de violão. E você? O que não está fazendo e por quê?

Às vezes você é uma moça que adora dançar, mas não tem saído porque o seu namorado proíbe. Então tem algo aí que você precisa olhar, repensar e cuidar.

Esse é o objetivo dessa pergunta. Olhe para você, descubra do que gosta e entenda por que não tem mais disso na sua vida. Depois se planeje, porque sempre que você faz algo que ama, você se melhora, se aprimora e coloca energia positiva na sua vida.

Esse movimento começa na sua mente, e não na reclamação.

Se está infeliz com algum campo da sua vida, não adianta reclamar. Reclamar é "clamar de novo". Ou seja, quanto mais você fala do problema, mais muda a sua vibração e mais disso vai receber.

Quando sentir vontade de reclamar, se policie. Então, se você não faz uma coisa que gostaria, não reclame que não faz. Em vez disso, pense: "Eu me coloco no melhor, o melhor está por vir para mim". E em seguida se pergunte: "E agora o que eu posso fazer para o meu melhor?". Eu sei que talvez você não possa ter o emprego dos seus sonhos imediatamente. Mas pense que a vida é uma escada.

Se você olhar para o topo, vai parecer inatingível, mas existe um primeiro degrau que você pode subir. Não desista das coisas que você gosta de fazer. Suba um degrau de cada vez.

3. QUANDO VOCÊ FAZ ALGUMA COISA, COSTUMA SE PREOCUPAR COM O QUE OS OUTROS VÃO PENSAR?

____

____

____

____

Se você é do tipo que está sempre preocupado com o que os outros vão pensar de você, está tirando a sua força e a entregando para outra pessoa.

“Ah, eu queria tanto fazer balé. Mas já passei da idade. O que vão dizer de mim? Ah, olha lá aquela velha achando que é menininha.”

Sabe quem está falando com você? O seu ego. Quando você pauta as suas decisões não de acordo com a sua verdadeira vontade e a sua essência, mas de acordo com o julgamento dos outros, isso só mostra que seu ego é enorme e precisa muito de afirmação.

Onde está a sua força? Quer dizer então que, se o outro te acha merecedor, você é, mas se outro achar que não, então você não merece o melhor da vida? Isso só mostra que você tem autoestima baixa.

4. QUANDO PRECISA TOMAR UMA DECISÃO, VOCÊ TENTA CONVENCER OS OUTROS DE QUE SUA DECISÃO É A MELHOR?

____

____

____

____

Mais uma vez isso só mostra o quanto você precisa de aprovação. Insegurança pura. Talvez você mesmo esteja se julgando. Talvez saiba que o que quer fazer não é o ideal, e por isso precisa de afirmação.

Bem, sempre que precisar de um conselho, vá buscá-lo com pessoas diferenciadas, acima da média. Cada pessoa só consegue enxergar na altura dos seus olhos, não é? Se buscar a opinião de pessoas que têm menos entendimento do que você sobre o assunto, de que valerá a opinião delas?

Acalme seus medos. Ouça a sua voz interior. Deus é tão educado que só fala conosco quando estamos em silêncio.

É nesse momento que temos que ouvir o que a nossa alma está nos dizendo.

5. QUANDO ACONTECE ALGO DIFERENTE DO QUE VOCÊ IMAGINAVA, VOCE LOGO COMEÇA A DIZER: "EU SABIA QUE NÃO IA DAR CERTO"?

Como já vimos até aqui, existem duas maneiras de ver a vida: como ganhador ou como perdedor.

O ganhador sempre olha o que já tem com gratidão e busca o que ainda tem para aprender em cada situação. Mesmo diante dos maiores problemas e dificuldades, ele olha o aprendizado. E ele trabalha!

O perdedor é o padrão mental oposto.

O que define nosso padrão mental são os nossos paradigmas, os modelos de conduta que temos, tudo aquilo que temos como valor, que achamos que é certo, que aprendemos com nossos pais e avós.

Quando você diz: "Eu sabia que não ia dar certo", suas palavras são apenas um reflexo de como você pensa e sente.

O que você não percebe é que as coisas não deram certo justamente porque, mesmo antes de pronunciar as palavras, você pensou que daria errado.

Esse pensamento gerou em você um sentimento, que gerou uma vibração, que se conectou com a energia do Universo e trouxe para você exatamente o resultado que você pediu.

O Universo não se conecta com as suas palavras, mas com a sua vibração, e é por causa dessa vibração que mais tranqueira, coisas ruins, dívidas, doenças físicas ou emocionais chegam à sua vida.

6. VOCÊ SE PEGA CONSTANTEMENTE PENSANDO EM COISAS QUE JÁ ACONTECERAM?

Como já vimos antes, quando você está preso no passado, está trabalhando a culpa, um sentimento que faz a sua vibração baixar. A culpa nada mais é que o seu pensamento lá atrás, te perturbando e dizendo o que você deveria ou não ter feito.

Isso te mantém preso no padrão mental negativo.

Então, a partir de agora, todas as vezes que surgir para você um pensamento de coisas do passado, você vai pensar e dizer a si mesmo o seguinte:

"Eu fiz aquilo, tomei aquela atitude, porque tinha aquela cabeça na época. Hoje eu tenho outra cabeça e já não faria mais daquele jeito. Eu melhorei, evoluí e sou outra pessoa.

Não me procure no meu passado. Eu não estou mais lá."

7. Por mais que você seja elogiada, não se sente merecedora?

____

____

____

____

____

____

Como você age quando recebe elogios? Aceita ou foge? Se alguém diz que seu cabelo está bonito, você agradece? Ou diz algo como: "Imagina, já está até sem corte"? Se alguém elogia a sua comida, você recebe isso ou fala "Ah, eu fiz correndo, nem temperei direito"?

Pois saiba que, toda vez que você recusa um elogio e aponta

os seus defeitos, você diz para o Universo que as coisas que faz não são dignas de reconhecimento. Você envia a mensagem de que não é merecedor.

8. VOCÊ SE SENTE ENCORAJADO A BUSCAR NOVOS CONHECIMENTOS?

____

____

____

____

As pessoas que estão acima da média têm alguns hábitos bem específicos e característicos. Um deles é que elas investem no seu conhecimento.

E você? Investe em si mesmo? Reflita um instante e liste quantas coisas você fez por você nos últimos anos. Quantos cursos? Quantos livros leu? Você está realmente se desenvolvendo ou apenas se enganando?

Pare de dar desculpas e assuma o compromisso com o seu desenvolvimento. Não tem tempo? Arrume. Abra mão de outras coisas que não vão te levar a lugar algum e não vão te trazer felicidade.

9. O QUE VOCÊ FAZ QUANDO TEM TEMPO LIVRE?

Se você é uma pessoa como a maioria, vai começar dizendo que não tem tempo livre. Talvez você até reclame da falta de tempo. Mas agora já aprendeu que, quanto mais falar que não tem tempo, menos tempo terá. Quanto mais disser que está cheia de trabalho e um monte de coisas para fazer, mais atarefada vai ficar, e menos espaço vai encontrar para se cuidar. É muito importante você abrir um espaço para se cuidar e se colocar no seu melhor.

As pessoas acima da média normalmente gostam de ficar com elas mesmas. Se estão cansadas e sem energia, preferem desfrutar de sua própria companhia. Elas sabem recarregar suas energias sozinhas.

Na verdade, eu não acredito em estar sozinho. Acredito que ficamos com nós mesmos. Quando eu digo: "Não estou só, estou comigo mesmo", digo para o Universo que eu sou uma excelente companhia. Experimente ser sua própria companhia por um tempo. Experimente se ouvir e descobrir o que você quer fazer de verdade nesse período. Aproveite com coisas que te façam evoluir, e não com coisas que não agregam nada.

10. VOCÊ COSTUMA SENTIR GRATIDÃO DE VERDADE OU É APENAS UMA PALAVRA QUE DIZ DA BOCA PARA FORA?

____

____

____

____

Está na moda falar gratidão, né? Alguém faz algo para você, e você diz: "Gratidão". Gratidão é o caramba! Se a palavra não estiver acompanhada do sentimento certo, é só uma palavra vazia, sem sentido nenhum.

Gratidão de verdade é reconhecer o seu estado de prosperidade, abençoar as coisas que tem. Trabalhar a gratidão é reconhecer de verdade as suas bênçãos e não ficar no estado de acomodação.

A gratidão não gosta de pessoas acomodadas. A gratidão gosta de pessoas que evoluem, que vão para a frente, que estão sempre melhorando, subindo um nível, um degrau.

Toda vez que eu evoluo, é porque algo de bom chegou para mim, eu recebi e abençoei. Mas imediatamente estou me preparando para o próximo nível de evolução, para subir o próximo degrau.

Isso é prosperidade. Isso é a sua verdadeira missão: tornar-se sempre uma pessoa melhor. Tudo o que é seu encontrará um jeito de chegar a você, mas, quando chegar, você precisa estar pronto para receber. Não adianta nada pedir e, quando receber, começar a reclamar.

Por exemplo, um homem diz que quer ser um grande empresário, quer faturar um milhão por mês, mas quando consegue abrir a primeira lojinha, com um funcionário, já começa a se aborrecer, fica estressado, a pressão sobe e ele quase infarta. Esse homem está próspero? Não está. Como ele pode receber mais? Como ele pode pedir ao Universo para ganhar um milhão e ter muitas lojas com muitos funcionários? Ele está sofrendo.

ANOTA AÍ, FAÇA ESTE DOWNLOAD E NÃO SE ESQUEÇA DELE NUNCA MAIS: TUDO O QUE FAZ VOCÊ SOFRER, O UNIVERSO TIRA.

Está sofrendo com a loja? Vai perder a loja. Está sofrendo com os impostos do carro novo? Vai acabar ficando sem o carro. Simples assim. Porque se o Universo te dá uma bênção, é para te trazer coisas boas. Se traz sofrimento, ele tira.

Capítulo 7

ABRINDO O seu cofre mental

Até aqui você já aprendeu algumas coisas importantes. Você já sabe que Deus, o Universo, são infinitos, abundantes, prósperos e querem que você também seja assim.

Todo o Universo comemora quando alguém avança e se torna próspero. Também já entendeu que é cocriador da sua realidade.

Deus é o Criador, e nós somos cocriadores, através dos nossos pensamentos, dos nossos sentimentos, da nossa vibração, das nossas ações e dos nossos hábitos.

Você já sabe que sua mente é composta de três partes: consciente, inconsciente e mente mestra, que te conecta com o astral, com as forças superiores.

Nós, seres humanos, podemos ter acesso a todas as bênçãos do Universo quando nos conectamos com a mente mestra. É como se lá dentro dela houvesse um cofre, com todos os tesouros que queremos conquistar.

Acontece que, ao longo da vida, nós fomos trancando esse cofre, colocando mais e mais barreiras de proteção, cercando-o com "sistemas de segurança" que nos protegem (veja só!) de nós mesmos.

Agora eu vou compartilhar com você os quatro segredos que abrem o cofre mental. Eu mesmo gostaria de ter conhecido essas técnicas há muito tempo, quando tinha 20 anos, porque assim eu já teria partido para a vida muito na frente.

Mas eu precisei bater a cabeça por muito tempo para aprender. O lado bom é que você não vai precisar, porque eu vou compartilhar com você tudo o que aprendi e sei que de uma forma ou de outra vai te ajudar. É para isso que você está lendo isso: para aprender como despertar a sua Vitória!

PRIMEIRO SEGREDO: CONFIANÇA

Quando você não confia em si mesmo, enfraquece o seu poder e não consegue se conectar com a sua prosperidade, a sua abundância.

Vamos imaginar que você queira muito um carro e até tenha dinheiro para comprá-lo. O problema é que você não acredita que aquele carro seja para você, que combine contigo.

Ou vamos supor que você compre o carro, mas começa a achar que tem algo de errado com isso.

Agora pense em outra situação: você vai fazer uma prova.

Vamos imaginar que tenha acabado de se formar em Direito e precisa prestar a prova da Ordem. Só que, no fundo, algo dentro de você diz que não vai passar.

O que essas duas situações têm em comum? Falta de confiança. E é justamente este o primeiro segredo que abre seu cofre mental para despertar a sua vitória: a autoconfiança.

Você precisa acreditar em si mesmo e que pode ir muito além de onde está.

Lembra o que eu falei das pombas na praça e da águia?

A águia confia nela mesma. Ela sabe que vai avistar a presa de longe, vai abrir as asas, dar o rasante dela e conseguir pegá-la. Ela não fica ali pensando se consegue ou não, se voa rápido o suficiente, se o bico dela é longo o bastante...

Ela simplesmente confia. As pombas não. Elas continuam no chão da praça esperando as migalhas.

O QUE VOCÊ QUER?
ser pomba
ou ser águia?

Você merece ser águia. Merece estar no seu melhor. De agora em diante, toda vez que tiver um pensamento negativo, diga: “Eu confio em mim. Eu estou comigo. Eu me amo e está tudo bem!”.

A confiança é uma força muito poderosa, porque nos coloca em contato com a nossa essência e em consonância com as coisas que estão fluindo. Ela nos conecta com as coisas boas que acontecem à nossa volta.

Quando você confia em si, faz uma aliança próspera consigo mesmo. Isso cria a sua conexão com a vitória.

Quando você decide prosperar, trazer abundância para a sua vida e ir além, automaticamente já começa a se curar de tudo o que te impede. Você está nesse momento se alinhando com o Universo. As coisas vão começar a vir até você.

O Universo é mágico. Nunca duvide da quantidade inimaginável de bênçãos que ele está mandando na sua direção agora mesmo. Você vai se surpreender. Eu que sou espiritualista muitas vezes ainda me surpreendo!

Você tem o poder da vitória. Basta se conectar com ele.

SEGUNDO SEGREDO: ECOLOGIA MENTAL

Alguma vez você já viu alguém realizar um grande sonho e, a partir desse momento, começar a reclamar daquilo?

Por exemplo: Seu sonho é morar numa casinha na beira da praia, num lugar isolado, tranquilo, para ter mais tempo livre e poder relaxar, longe da barulheira e da poluição da cidade grande. Você quer muito isso, e um dia, enfim, consegue!

Que alegria!

Só que você "esqueceu" que tem um filho adolescente, que quer sair para curtir com os amigos, que tem uma filha pequena que não anda sozinha por aí e que seu marido trabalha numa grande empresa no centro da cidade.

Vocês se mudam e os problemas começam... Seu marido reclama, porque agora tem que acordar uma hora e meia mais cedo todos os dias para fazer o caminho de casa para o trabalho. Reclama porque o custo com o combustível triplicou.

Seu filho adolescente está sempre de mau humor, porque não pode mais ir aos encontros improvisados da galera.

E você mesma anda sobrecarregada, porque tem que fazer o caminho de ida e volta várias vezes ao dia para levar os filhos de um lado para o outro.

Sabe aquele sonho de ficar relaxando na casinha de frente para o mar? Na vida real não é bem assim...

Por isso, o segundo segredo para abrir esse cofre é a ecologia mental.

TER ECOLOGIA MENTAL É HARMONIZAR O SEU SONHO COM A SUA REALIDADE E COM OS SONHOS DAS OUTRAS PESSOAS AO SEU REDOR, PARA QUE AS COISAS NÃO ENTREM NUM CÍRCULO NEGATIVO.

Muitas vezes, o seu sonho não é o sonho de toda a sua família, das outras pessoas com quem você mora e se importa.

Isso quer dizer que você deve ficar preso para sempre e limitar seus sonhos? De jeito nenhum. Mas é preciso pensar nas consequências.

Pense bem: Isso vai mesmo ser bom para você?

Imagine este sonho: "Ah, eu quero ter três cachorros dentro do meu apartamento". Agora vamos à pergunta: Isso vai ser bom para você? Vai ser bom para quem mora com você? Vai ser bom para os seus vizinhos?

Esse exemplo é real, sabe? Eu tive uma vizinha que tinha três cachorros, e a minha vida era um horror. Eu amo animais, e justamente por isso achava aquilo um absurdo. Eram três cachorros imensos latindo o tempo todo. Ela saía para trabalhar e eles ficavam sozinhos, latiam desesperadamente e perturbavam todo mundo do prédio.

Quando o seu sonho se realiza e começa a te trazer problemas, porque você não pensou na ecologia disso antes, cria-se uma espiral negativa, porque surgem as reclamações.

VOCÊ RECEBE UMA BÊNÇÃO E, EM VEZ DE COMEMORAR E DESFRUTAR, VOCÊ RECLAMA, VOCÊ SOFRE. E TUDO O QUE TE FAZ SOFRER O UNIVERSO TIRA.

Veja estes exemplos. Seu sonho: morar nos Estados Unidos com seus três filhos.

Sua realidade: nenhum deles quer sair do Brasil.

Seu sonho: morar na praia. Sua realidade: sua esposa odeia praia, só vai com você porque não tem onde ficar.

Seu sonho: morar numa chácara. Sua realidade: seu marido odeia o campo e vai ficar emburrado lá.

Percebe como esses sonhos não têm a menor chance de fluir e se expandir no campo da realidade sem trazer uma série de problemas para as famílias?

É por isso que as nossas escolhas precisam ser feitas de maneira ecológica, para não sofremos. É preciso harmonizar nossos sonhos com a realidade que estamos vivendo. Isso é pensar de uma maneira ecológica.

• TERCEIRO SEGREDO: GRATIDÃO •

A gratidão é o segredo que vai te conectar diretamente com a sua vitória. Mas não tente se enganar – sim, "se enganar", porque o Universo ninguém engana! Não adianta nada falar "Gratidão" se não sentir a gratidão.

Outra questão importante é quando você sente gratidão.

O momento certo de sentir gratidão é antes mesmo de receber a bênção. A maioria das pessoas só agradece depois que as coisas acontecem...

ERA UMA VEZ UMA CIDADEZINHA MUITO PEQUENA, QUE ESTAVA SENDO CASTIGADA PELA SECA.

NAQUELE ANO AINDA NÃO TINHA CHOVIDO, E AS FAMÍLIAS ESTAVAM CORRENDO O RISCO DE PERDER SUAS PLANTAÇÕES E NÃO TEREM COMO SE SUSTENTAR.

ENTÃO, O PADRE CONVOCOU TODOS OS HABITANTES A SE REUNIREM NA IGREJA PARA ORAR E PEDIR A DEUS QUE LHES MANDASSE CHUVA. NO DIA E NA HORA MARCADOS, TODOS SE ENCONTRARAM NA IGREJA. ENTÃO CHEGOU UM MENININHO CARREGANDO UM GUARDA-CHUVA.

UM HOMEM OLHOU PARA ELE E DISSE: "OH, MENINO, ESTÁ LOUCO? PARA QUE ESSE GUARDA-CHUVA?". AO QUE O MENINO RESPONDEU: "UÉ, VOCÊS NÃO VIERAM REZAR PARA PEDIR CHUVA? EU JÁ VIM PREPARADO".

Essa é a ideia. Você tem que agradecer já quando pede.

E agradecer por tudo o que já tem, porque isso te coloca na espiral positiva e te conecta com o Universo, gerando um colapso positivo na sua vida.

Imagine que você compra um presente para o seu filho, mas ele não curte, não agradece. Ele reclama que não era aquele que queria, não era aquela cor. Ele está sofrendo com o presente. O que acontece com você? Provavelmente não vai mais querer dar presentes para ele, que não reconhece o que você deu.

ASSIM É TAMBÉM O UNIVERSO. POR QUE ELE TE DARIA MAIS BÊNÇÃOS, SE VOCÊ NÃO RECONHECE O QUE ELE JÁ TE DEU?

• QUARTO SEGREDO: FÉ •

Você sabe o que significa fé? Uma palavrinha tão pequena, duas letrinhas apenas. F. E. Força espiritual. Está diretamente relacionada à nossa força anímica. Quando você tem fé, quando tem essa força dentro de você, as coisas começam a acontecer.

Em todos os milagres que fez, Jesus sempre perguntava: “Você tem fé?”. Então a pessoa respondia que sim, e Jesus dizia que ela estava curada. Ele nunca disse: “Eu te curei”...

O que dizia na verdade era: “A sua fé te curou”.

E é isso mesmo. Todos temos dentro de nós a força para nos curarmos. Isso é algo que ninguém tira de você. Todo o conhecimento que você adquire alimenta a sua fé, sua foça anímica.

CERTAMENTE VOC Ê JÁ OUVIU O DITADO QUE DIZ QUE “A FÉ MOVE MONTANHAS”. SABE QUAIS SÃO AS MONTANHAS QUE A FÉ MOVE? TODO OBSTÁCULO À SUA FRENTE, TODOS OS DESAFIOS NO SEU CAMINHO.

A fé é o que abre os
caminhos
RUMO A SUA VITÓRIA

@WILLIAMSANCHESOFICIAL

Capítulo 8

CÍRCULO DAS *virtudes*

Você acabou de conhecer os quatro segredos que abrem o seu cofre mental. E agora é hora de compartilhar com você algo extremamente importante.

Neste livro eu já te contei como funciona o círculo vicioso do fluxo da escassez. Agora eu quero te mostrar como funciona o fluxo da prosperidade.

Você vai conhecer as 6 etapas do círculo das virtudes.

ETAPA 1: PENSAMENTOS POSITIVOS

Comece a trabalhar pensamentos positivos.

Veio um pensamento negativo? Rapidamente o substitua por um positivo. Pergunte-se: "Espera aí, esse aí sou eu pensando?".

Eu faço isso o tempo todo. Sempre que vem um pensamento negativo na minha cabeça, eu me pergunto se sou eu que estou falando aquilo e logo já digo: "Esse não sou eu. Eu não pensaria assim".

E você está surpreso de isso acontecer comigo?

Pois saiba que gente positiva também pensa negativo. A diferença é que nós não ficamos presos a ele. Não o deixamos germinar.

ETAPA 2: PALAVRAS POSITIVAS

O segundo passo é trabalhar as palavras positivas.

Transforme seus pensamentos positivos em palavras.

Em vez de reclamar o que está sofrendo, agradeça a bênção que virá.

Por exemplo, se o seu chefe te persegue, em vez de ficar repetindo isso, diga: “Estou preparado para um novo chefe, um que me reconheça”.

Em vez de amaldiçoar o seu emprego, repita que está pronto para um emprego próspero e abençoado.

FIQUE ATENTO ÀS SUAS PALAVRAS, PORQUE SÃO ELAS QUE ESTÃO ATRAINDO TUDO PARA A SUA VIDA. E VÁ TRABALHANDO ESSA ENERGIA POSITIVA DENTRO DE VOCÊ, PARA QUE O UNIVERSO SE CONECTE E TE TRAGA A VITÓRIA QUE TANTO ALMEJA.

ETAPA 3: AÇÕES POSITIVAS

À medida que você pensa e fala de maneira positiva, também começa a agir de maneira positiva.

Se você pensa e repete que não consegue acordar cedo para se exercitar, então as chances de acordar cedo no dia seguinte são nulas.

Se você diz o tempo todo que adora comer, que é o único prazer que tem na vida, quais as chances de resistir ao pudim e se manter na dieta para perder peso?

AGORA, QUANDO SEUS PENSAMENTOS E PALAVRAS MUDAM, SUAS AÇÕES MUDAM TAMBÉM. E VOCÊ DEVE ESTAR SEMPRE VIGILANTE PARA AGIR DE ACORDO COM O QUE PENSA E FALA.

Essas novas ações serão boas para você e te levarão para uma vibração boa.

ETAPA 4: VIBRAÇÃO BOA

O que te conecta com o Universo é a sua vibração. Se eu penso e falo de um jeito, mas ajo de forma contrária a isso, minha vibração continua baixa. E, com a vibração baixa, eu não consigo cocriar prosperidade, as coisas não dão certo para mim, nada funciona.

É daí que vem aquela sensação de dar um passo para a frente e dois para trás. Por isso você precisa prestar atenção em como vibra.

O PENSAMENTO ESTÁ BOM, AS PALAVRAS ESTÃO BOAS, AS AÇÕES ESTÃO BOAS, ENTÃO EU VIBRO POSITIVAMENTE.

ETAPA 5: AFIRMAÇÕES E VISUALIZAÇÕES

Essa etapa é muito importante e faz toda a diferença.

Não peça. Agradeça.

Afirme o que você é, visualize o que você tem e agradeça.

Por exemplo: quer um apartamento? Não fique falando "Quero um apartamento". Em vez disso, se visualize dentro dele. Como ele é? Como é a decoração?

Veja-se deitando para dormir, acordando, tomando café da manhã, recebendo os amigos.

Imagine-se dentro desse lugar, de uma maneira bacana, próspera e abençoada.

VISUALIZE-SE SEMPRE FELIZ, SENDO LEGAL CONSIGO MESMO, SORRINDO. E, QUANDO MENTALIZAR, PODE SORRIR DE VERDADE, COM O CORPO, E NÃO SÓ COM A MENTE.

Seu cérebro não sabe

A DIFERENÇA ENTRE

ficção e

realidade,

ENTÃO, QUANDO VOCÊ FAZ

esse exercício

E FAZ AFIRMAÇÕES POSITIVAS

sobre você, ele entende que isso

é verdade

E VIBRA NESSA FREQUÊNCIA.

@WILLIAMSANCHESOFICIAL

ETAPA 6: CRIAÇÃO DO HÁBITO

Como já vimos, as ações que você realiza repetidamente viram hábitos, algo que você faz sem nem pensar.

E são os seus hábitos que constroem a sua realidade.

Infelizmente, a maioria de nós tem hábitos ruins.

Mas agora você atingiu outro nível de entendimento e já começou a desenvolver pensamentos positivos, palavras positivas, ações bacanas, vibração boa, já faz afirmações positivas sobre si mesmo e visualiza suas conquistas.

Seu próximo passo é transformar tudo isso em hábito.

PODE SER QUE VOCÊ PRECISE MUDAR ALGUNS GATILHOS PARA CONSTRUIR UMA NOVA ROTINA. UM POUCO DE SACRIFÍCIO NO INÍCIO, TALVEZ, MAS UM SACRIFÍCIO IRRISÓRIO PERTO DA VIDA PLENA, ABUNDANTE, PRÓSPERA E VITORIOSA QUE VOCÊ VAI CONSTRUIR.

Capítulo 9

AS QUATRO dimensões DA VITÓRIA

Despertar a sua vitória é você trazer para si o seu melhor e cocriar a realidade próspera que você quer e merece.

O fluxo da vitória vai ser um pouco diferente para cada pessoa, porque todos somos diferentes e cada um tem uma definição de vitória.

Para uma mulher, vitória pode ser encontrar um bom homem, se casar e formar uma família.

Para outra, vitória pode ser ter condições financeiras para se separar do marido com quem está hoje.

Isso é muito pessoal.

Cada um só sabe da sua vida, e não deve julgar a vida dos outros.

1ª DIMENSÃO DA VITÓRIA:

SER O QUE VOCE QUER SE TORNAR

Quando você não sabe o que quer – o que quer ser, o que quer ter, para onde quer ir –, não consegue ativar a Lei da Atração, porque vibra numa energia muito baixa.

SER O QUE QUER SE TORNAR É SABER EXATAMENTE PARA ONDE ESTÁ INDO.

Em todos os meus anos de trabalho como terapeuta e com desenvolvimento pessoal, posso afirmar que a maioria das pessoas que iam ao meu consultório e faziam os treinamentos presenciais comigo não sabia para onde estava indo.

Quando eu pedia que escrevessem os três primeiros desejos que lhe vinham à mente, elas não conseguiam.

E olha que eu nem pedia as "metas", algo mais grandioso. Não. Eu queria só os primeiros três objetivos.

Porque meta é algo maior, o destino, o ponto de chegada.

Por exemplo: minha meta é ser feliz. Ok, maravilha. Mas e quais são os objetivos? O que é mais curtinho, mais rápido? Quais são os três próximos passos que você pode dar rumo a essa meta? E as pessoas simplesmente não sabiam.

Você sabe? Vamos testar? Pegue um cronômetro (pode ser no seu celular mesmo) e agora escreva, em apenas 10 segundos, os três objetivos que você mais quer alcançar.

____

____

____

____

____

Não adianta escrever "Quero ser feliz", "Quero um homem bom", "Quero um emprego legal". Isso tudo não diz absolutamente nada.

Quando você diz "Quero ser feliz", não está trabalhando a primeira dimensão da vitória, que é ser o que você quer se tornar. Aí você pode me perguntar: "Mas como vou ser feliz se ainda quero me tornar alguma coisa?". E esse é o grande erro que bloqueia a sua vitória.

Para entender melhor isso, vamos usar o exemplo de uma mulher que não gosta do seu emprego. Ela diz assim: "Ah, lá é muito ruim, por isso eu não me esforço, não me dedico. Não faz diferença. Ninguém vai me reconhecer mesmo... Mas quando pintar um emprego legal, aí sim eu vou arrebentar!"

Sabe o que essa mulher está fazendo quando trabalha meia boca? Roubando! Ela está nessa vibração baixa. E o Universo te dá mais do que você se conecta.

Imagine que o expediente dessa mulher comece às 13h. Ela chega à empresa às 13h, mas em vez de ir para sua mesa, vai ao banheiro se maquiar. Depois, ela sai, vai buscar um cafezinho, no caminho encontra uma colega, bate papo, conta como foi o fim de semana e emenda falando sobre um programa de TV... Quando ela enfim se senta para trabalhar, já são quase 14h. Ela roubou quase uma hora da empresa. Roubou esse tempo do patrão. Roubou como profissional. Aí ela enrola o cabelo, o prende com uma caneta, esquece, vai embora e só se dá conta disso na rua. Então pensa: "Tudo bem. Não preciso devolver essa caneta amanhã. Posso ficar com ela para mim. Lá na empresa tem muitas". Ela está roubando a empresa. Mesmo sendo algo pequeno, que talvez não faça nenhuma diferença para a empresa ou o patrão, faz diferença para o Universo.

Sempre que fazemos algo assim (ou qualquer outra coisa), acionamos automaticamente a Lei da Ação e Reação. Ou seja, receberemos na mesma medida do que fazemos.

É por isso que devemos nos vigiar.

O que eu quero me tornar? Como eu agirei quando tiver me tornado isso? Com essa resposta, você começa a agir assim agora mesmo. Você passa a ser o que quer se tornar.

2ª DIMENSÃO DA VITÓRIA:

A EMANCIPAÇÃO DA ALMA

Esse é um assunto polêmico, do qual evito falar abertamente.

É algo que guardo para os meus cursos, um ambiente mais reservado e de mais intimidade.

Faço isso não por não querer revelar o segredo, mas porque é um ambiente mais seguro, livre de mal-entendidos.

No entanto, não há como guardar essa informação se eu quero que você desperte a sua prosperidade.

A segunda dimensão da vitória é a emancipação da alma. Emancipar é tornar livre, independente. Assim é o seu espírito: livre.

DEUS NOS FEZ À SUA IMAGEM E SEMELHANÇA, MAS NOS DEU O LIVRE-ARBÍTRIO. PODEMOS ESCOLHER QUE RUMOS SEGUIR.

E é só assim que entendo a espiritualidade hoje. Embora tenha sido criado em uma família muito religiosa, e tenha experimentado diversas religiões ao longo da minha vida, hoje em dia não sigo mais nenhuma delas.

Quando a gente se apega ao rótulo, se limita ao que está dentro dele e passamos a acreditar no que nos dizem que é permitido.

Não estou aqui falando contra nenhuma religião. O que estou dizendo é que hoje vivo uma espiritualidade independente.

Precisamos expandir a nossa consciência.

A expansão de consciência de uma maneira mais espiritualizada é exatamente o que você está fazendo aqui, ao ler este livro. Não tem segredos nem rótulos. Não tem essa de se tornar zen de uma hora para outra, de viver numa eterna meditação, deitar, fluir, ir para o prana e o nirvana... pare de loucura!

Ser espiritualizado é no dia a dia. É no trânsito quando se está atrasado, é com dor de cabeça e gente te perturbando, te enchendo o saco. Ser espiritualizado não é ser santo, não é ser bonzinho. É entender essa força superior e se conectar com ela. Bem mais simples do que dizem por aí, não é?

Então, deixe sua alma livre. Livre de rótulos, amarras e pessoas.

Vamos fazer um exercício agora: coloque a palma das mãos sobre as pernas ou sobre o peito, como se sentir melhor.

Respire fundo, solte o ar e diga:

“Corpo, eu quero que você me conte uma coisa. Existe

alguém bloqueando minha energia? Mostre para mim agora. Revele diante de mim se tem alguém bloqueando a minha energia." Se não vier ninguém, é você mesmo que deve estar se bloqueando.

Preste atenção nas coisas que tem feito. Nos seus pensamentos, nas suas atitudes e nas suas palavras. Para atingir a segunda dimensão da vitória, você precisa emancipar sua alma, libertar-se das amarras. Estar livre e independente .

Sem medo das coisas boas que virão na sua direção.

3ª DIMENSÃO DA VITÓRIA:

ACESSAR O QUE VOCÊ QUER!

"Agora ele enlouqueceu de vez!", aposto que é o que você está pensando!

"Como eu posso acessar o que eu quero se ainda não tenho?" Lembra do que eu ensinei no círculo das virtudes? Visualização e sentimento.

O Universo te dá mais do que você já tem. Se você sente aquilo, visualiza, mas aquilo não se conecta em você, o Universo não vai te dar.

TODA VEZ QUE A GENTE ACIONA UM PENSAMENTO, VISUALIZA ALGUMA COISA, AUTOMATICAMENTE ATIVA UM SENTIMENTO.

Vamos fazer um teste agora?

Concentre-se bem e imagine que está cortando um limão.

Visualize a cena: você pega um limão bem verdinho e coloca em cima de uma tábua de corte. Em seguida, pega uma faca e corta o limão bem devagar. Enquanto você corta, ele vai soltando aquele sumo, que às vezes sobe até a sua boca, ao seu nariz.

Você corta esse limão em várias rodelas. Agora você pega uma dessas rodelinhas de limão, bem verde, bem suculento, com bastante caldo, e coloca na boca, puro, uma fatia inteira de limão na sua boca.

E aí? Ficou com a boca cheia de água?

O que fizemos aqui foi uma visualização que automaticamente ativou um sentimento.

Você visualizou, trouxe o pensamento, o seu corpo acionou um sentimento e você mudou toda a química do seu corpo, ficando com a boca cheia de água.

Essa é a terceira dimensão da vitória.

4ª DIMENSÃO DA VITÓRIA:

FORÇA ESPIRITUAL

Dentro de você existe o poder das grandes almas.

Há em cada um de nós o mesmo poder dos grandes mestres.

Você tem trabalhado essas forças no seu interior? Elas existem, mas não sabemos usá-las. Desde crianças, somos ensinados a calá-las em vez de nos conectarmos a elas.

Essa força era de Gandhi, Buda, Madre Teresa de Calcutá, Francisco de Assis. Era a força de Jesus, que falava sobre fé.

Mas é também a força de uma mãe que reza pelo filho, que bota a mão na cabeça de sua criança que está com febre e a febre passa.

É essa força que está em você e te permite sair para procurar um emprego e dizer: "Hoje eu determino que vou entrar naquela empresa e mudar minha vida".

Você tem a fé, a ferramenta dos grandes mestres.

Só que muitas vezes não se dá conta disso e não acredita no seu próprio poder.

Você escolhe o que traz para a sua vida. Mas essa escolha não acontece pelo seu pensamento consciente, e sim pelos seus sentimentos.

Você atrai o que você sente. Todo sentimento tem fome dele mesmo. Você tem sido ímã de que? Lembre-se de que há dentro de você a força dos grandes mestres, a fé. Você é capaz de tudo, basta sentir.

Técnica para desenvolver as quatro dimensões da vitória.

Agora vamos escrever em cada uma dessas partes quais são as suas dimensões da vitória.

Escreva nessa parte, em detalhes, o que você quer se tornar. Aonde quer ir. Qual é a sua meta. Qual é a vitória que você busca.

Por exemplo: ser um grande empresário, formar uma família. Como é você sendo um empresário? Como é a sua família? Dê detalhes.

Eu quero conquistar essa vitória, mas…

Esse é o espaço em que você deve escrever com detalhes tudo o que te prende. Esse é o lugar onde você está se colocando hoje. Aprofundar as camadas, com mais detalhes. Se quer ser empreendedor, coloque desde sua sala, como é sua loja ou empresa, se você vai de carro, se é perto de sua casa, como é sua equipe…

2ª DIMENSÃO: EMANCIPAÇÃO DA SUA ALMA

Visualize e sinta como é conquistar a sua vitória. Seja muito detalhista.

Aqui, você não vai repetir o que escreveu na segunda dimensão. Lá, você deu detalhes de aonde queria ir.

Agora vai dar detalhes de como é ter chegado lá. Sinta, respire, perceba os cheiros, a decoração, as roupas das pessoas...

Sinta essa realidade e anote todos os seus sentimentos.

3ª DIMENSÃO: ACESSAR O QUE VOCÊ QUER

Você tem a alma grande e o poder dos grandes mestres.

Mas o que está atraindo para a sua vida? Quais são seus sentimentos?

Aqui quero que você escreva o que é hoje, de verdade, e não o que vai ser. Se sente raiva, escreva isso. Se sente frustração, anote. Se alguém te atrapalha, escreva. Se tem algum pensamento limitante, qual é ele?

4ª DIMENSÃO: VOCÊ É ÍMÃ DE QUÊ?

Agora, é hora de estudar! Isso mesmo! Estudar sua vida. Estude tudo o que você escreveu em cada uma das áreas e perceba o que está impedindo a sua vida de fluir para onde você quer.

Cada dimensão é importante
E TE LEVA MAIS PROFUNDAMENTE
EM CADA CAMADA
da vitória

Capítulo 10

A QUINTA *dimensão* DA VITÓRIA

Agora que você já conheceu as quatro dimensões da vitória, quero te dar um bônus e fazer uma reflexão que vai levar você para uma dimensão além, a quinta dimensão da vitória.

A primeira dimensão é se tornar exatamente o que você quer ser. As coisas vão acontecer para você a partir do momento que você determinar que elas devem acontecer e, principalmente, se for isso o que tanto quer, de já agir como o seu futuro eu.

Você vai perceber que, a partir de agora, vai aumentar a confiança em si. Vai ter se tornado melhor. A melhor forma de agradar a Deus é justamente ser quem você é. Não há nenhuma necessidade de tentar se tornar outra pessoa para acessar nenhuma dimensão da vitória. A dimensão da vitória será sua e você estará nela a partir do momento em que desejar e estiver dentro do seu fluxo e sendo quem você quer se tornar.

Se você quer ser uma pessoa mais magra, como é que se comportam as pessoas que são mais magras? O que elas comem? Que tipo de exercícios fazem? Como elas se comportam diante do doce? Como elas se comportam com seus amigos quando saem para comer?

A primeira dimensão da vitória é ser o que você quer se tornar. Se você não tem nada, nada chega a você, porque o Universo só vai te dar aquilo que você já tem. O Universo se conecta com aquilo que você é e aquilo que você já consegue sentir. Você é um ímã, uma bomba atômica de energia poderosa. Quando trabalha o seu melhor, o seu melhor vem. Você está exatamente onde se coloca.

Você aprendeu na segunda dimensão da vitória que precisa ter uma emancipação da sua alma. Ou seja, se libertar de crenças limitantes que estão impedindo você de ser independente. Eu não sei se é uma crença religiosa, se é uma crença da sua infância ou se sua família dizia que você não ia dar certo, você acreditou nisso e pegou como verdade absoluta.

Eu quero que você revisite agora todo o seu subconsciente, trazendo o seu melhor e deixando que as suas ideias fluam para você. Sabendo para onde você quer ir, você chega lá, porque é nesse momento que todo o Universo se movimenta para trazer as coisas na sua direção.

Sabe como o universo
VAI SE CONECTAR COM VOCÊ?
Através da sua energia.

As quatro dimensões da vitória mostram que você precisa despertar as suas forças interiores para que possa visualizar e sentir exatamente aquilo que quer ter.

É aí que suas forças interiores virão à tona para que você seja uma pessoa vitoriosa e esteja sempre no melhor.

Tudo que você viveu até aqui é ótimo, porque é seu, mas você pode agradecer agora ao seu passado e deixar o passado onde ele está.

Eu gosto de uma frase que diz assim: "Não me procure no meu passado, porque não estou mais lá. Eu já sou outra pessoa". E esse é o grande poder das grandes almas: o poder do despertar.

ESTAR NUMA DIMENSÃO DA VITÓRIA É PERCEBER QUE VOCÊ É ÍMÃ DE COISAS BOAS. TODO SENTIMENTO BOM VAI FAZER COM QUE VOCÊ SE CONECTE COM MAIS SENTIMENTOS BONS.

Quanto mais você elogia, mais você é elogiada. Quanto mais você sonha, mais você vê seus sonhos diante de você.

E neste momento você está trabalhando no time da positividade. Você está do lado de cá, porque sai do pessimismo e entra na positividade.

Eu sei que muitas vezes o mundo faz com que você se lembre de ser uma pessoa negativa, mas é nesse momento que você precisa de um mentor, sempre te lembrando.

E quem são os seus mentores? Quem são as pessoas que estão ajudando você a estar no fluxo vitorioso?

Lembre-se: o Universo só dá mais para quem já tem.

Eu vou te ajudar, mas você precisa estar deste lado.

Você precisa acreditar.

Todas as vezes que você desconfia, sente medo, duvida, ri de alguma coisa que é muito séria para você, você está enfraquecendo não a minha força, porque a minha força é minha e ninguém tira, ela vem de Deus, vem do Universo e é com a melhor força que eu estou conectado.

Mas, quando você critica, julga, subjuga, você enfraquece a sua força e não consegue entrar na quinta dimensão da vitória, que é uma dimensão da quinta essência, que é onde está tudo no astral.

O astral vai fazer o download e se conectar com você a partir do momento em que você estiver pronta.

A partir do momento em que você estiver pronto.

Então diga agora com toda a sua força, e se puder diga alto:

EU ESTOU PRONTO PARA A MINHA VITÓRIA!

EU SOU VITÓRIA.

TUDO VEM A MIM COM FACILIDADE, ALEGRIA E GLÓRIA.

DEIXO VIR A MIM O MELHOR, SOU UMA MÁQUINA DE FAZER DINHEIRO.

EU SOU PROSPERIDADE, E NA PROSPERIDADE PERMANEÇO.

EU ME AMO E ESTÁ TUDO BEM!

ASSIM É, ASSIM ESTÁ E ASSIM EU SOU.

Respire fundo e sinta o seu corpo vibrando cada célula positiva.

Capítulo 11

Mantras e meditações

Eu quero agora te presentear com este capítulo inteiro de ferramentas para você despertar a sua vitória.

São exercícios, mantras, meditações e afirmações poderosas que reprogramam a sua mente para o positivo, porque já estamos cansados de energias negativas, construindo dentro da nossa mente inconsciente as crenças que nos limitam.

A partir de agora, você vai se conectar com o melhor em você e alcançar a prosperidade.

EXERCÍCIO PARA SE CONECTAR COM O SEU SONHO

Pegue um sonho seu.

Escolha um muito bom, um bem grande.

Agora sinta esse sonho se tornando real.

Veja-se dentro dele, vivendo a sua vitória.

Agora repare como está seu o corpo.

Sim, o seu corpo reage a tudo.

Respire fundo, sinta.

Neste momento, você não está orando a Deus para pedir que seu sonho se realize. Ele já se realizou.

Você já está na bênção. E a sua carne, cada célula do seu corpo, percebe isso.

Se seu sonho é um carro, sinta o vento…

Se seu sonho é um casamento, sinta-se ao lado desse homem, dessa mulher, veja-se de mãos dadas, sinta o calor do corpo...

Se seu sonho é uma viagem, sinta-se nela, andando por esse lugar, comendo os pratos típicos de lá...

Se o seu sonho é formar uma família, veja a sua casa, veja todos juntos à mesa, fazendo uma refeição...

Percebe como esse exercício muda a sua vibração?

Você pensa na bênção, desperta os sentimentos bons que ela te traz, a sua vibração muda na hora, e isso te conecta com o Universo e cria a sua vitória.

MANTRA PARA ATRAIR E MANTER A PROSPERIDADE

Respire fundo e solte o ar.

Se quiser pode colocar uma música bem suave...

O seu jeito de fazer esse mantra é o jeito certo e o melhor, porque ele é seu.

Diga:

DESPERTO EM MIM AGORA A VITÓRIA.

EU ME AMO E ESTÁ TUDO BEM.

AGRADEÇO AOS CAMPOS POSITIVOS QUE MINHA VIBRAÇÃO E ENERGIA CONSEGUIRAM CRIAR ATÉ AQUI!

AGRADEÇO A ESSA REALIDADE QUE ME PERMITE SER MELHOR A PARTIR DE AGORA!

EU ME ABRO PARA O NOVO E ME PERMITO EVOLUIR!

CRIO EM MIM UM CÍRCULO DA VITÓRIA, ELEVANDO MEU ESTADO VIBRACIONAL EM CONSONÂNCIA COM A PROSPERIDADE!

MINHA MENTE RECONHECE E SENTE O ESTADO DE PROSPERIDADE JÁ EXISTENTE EM MIM!

EU ME AMO E ESTÁ TUDO BEM!

Experimente dizer essa última frase de maneira bem leve e gostosa, relaxando os ombros e soltando o ar.

Com uma profunda sensação de alívio.

É como declarar ao Universo o poder que você tem: "Eu me amo, então está tudo bem".

MANTRA DO MERECIMENTO

Respire fundo e solte o ar. Se quiser pode colocar uma música bem suave... O seu jeito de fazer esse mantra é o jeito certo e o melhor, porque ele é seu. Diga:

EU ME AMO E ESTÁ TUDO BEM.

MINHA ENERGIA SE CONECTA COM O MELHOR.

EU NASCI PARA O MELHOR.

EU MEREÇO O MELHOR.

EU ADORO TUDO O QUE TENHO.

EU ACEITO RECEBER AGORA O QUE É MEU POR HERANÇA DIVINA.

É SEGURO SER RICO!

É JUSTO NÃO QUERER A POBREZA!

EU ME CONECTO COM A ABUNDÂNCIA E AQUI ESTOU NESTE MUNDO PARA APRENDER, RECONHECER E VIVER MEU ESPÍRITO EM AÇÃO DE FORMA ABENÇOADA.

EU E O PAI SOMOS UM. RECONHEÇO MINHA FAGULHA DIVINA E DESPERTO A MINHA VITÓRIA.

EU FLUO PELO ESPÍRITO EM MIM. SOU DIGNO, ESTOU PREPARADO.

ASSIM ACEITO O MELHOR.

ASSIM É.

EU DEIXO O PASSADO SER PASSADO E VOU DE FORMA LIMPA PARA O FUTURO.

GERO PARA MIM E PARA AS PESSOAS QUE AMO O MUNDO EM QUE EU QUERO VIVER.

ABRO ESPAÇO PARA UMA NOVA ESPIRITUALIDADE, QUE ME ELEVA E ELEVA O MUNDO.

ASSUMO MINHA ESTRELA QUE SE ACENDE, ILUMINANDO A ESCURIDÃO.

ESTOU FLUINDO NA ABUNDÂNCIA.

EU ME AMO E ESTÁ TUDO BEM.

MANTRA DE RECONHECIMENTO E TRANSFORMAÇÃO

Respire fundo e se conecte consigo mesmo. Esteja bem com você, na sua energia. Sinta-se bem, próspero e abençoado.

EU ME AMO E ESTÁ TUDO BEM!

NESTA VIDA ABENÇOADA EM QUE ESTOU, TUDO É PERFEITO, PLENO E BOM!

O PASSADO NÃO TEM QUALQUER PODER SOBRE MIM, PORQUE ESTOU DISPOSTA A CRIAR NOVOS E ABENÇOADOS HÁBITOS. EU ESTOU EM MIM!

EU ASSUMO MEU PAPEL DE PROTAGONISTA DA VIDA.

ACENDO EM MIM A LUZ DA CONSCIÊNCIA DIVINA.

ESTOU FLUINDO NA ABUNDÂNCIA, PORQUE RECONHEÇO MINHAS FORÇAS INTERIORES.

RECONHEÇO O AMOR QUE EXISTE EM MIM!

MEDITAÇÃO PARA EXPANSÃO DA ENERGIA

Encontre um lugar gostoso, relaxado, próspero e abundante, onde você se sinta bem. Agora só respire.

Não pense em mais nada. Solte o ar. Respire fundo.

Quero que você comece a conectar o seu corpo, reconhecendo-o, soltando o ar... E cada vez que você respira, vá abençoando cada parte do corpo. Vá abençoando seus pés. Vá abençoando as suas pernas. Vá abençoando todos os seus órgãos internos, a sua pele. Abençoe também os seus braços, as suas mãos, os seus dedos, as suas unhas, os seus cabelos, a sua voz, seus olhos, seus ouvidos.

Tudo vai sendo abençoado, porque você vai reconhecendo o que tem de melhor. Você é o melhor. Você é abençoado, é abençoada. Você é uma fagulha divina.

Deus fez você à imagem e semelhança do que é bom, do que é verdadeiramente grande, abençoado e próspero. Então respire fundo, reconhecendo todas as suas células e suas microcélulas.

Você vai se abençoando e agradecendo, porque você se trouxe até aqui e você é muito importante.

Eu quero que agora você sinta a sua energia. A sua energia vai se expandindo e expandindo... cada vez que você respira, ela se expande ainda mais.

E essa energia vai saindo do seu corpo, ela se expande e preenche todo o espaço onde você está. Você respira mais e mais profundamente, e a sua energia se expande e preenche toda a rua por onde você passou para chegar aí. Você respira mais fundo, se abençoa e se reconhece, e a sua energia vai se expandido e preenche todo o bairro onde você está.

Vai se expandindo ainda mais e preenche toda a cidade. Sua energia é grande, próspera e abençoada. Você se expande três vezes mais e vai preenchendo todo o país onde está, vai preenchendo os países vizinhos.

Quanto mais você respira, maior fica a sua energia, mais forte e mais próspera. Mais abençoada e mais forte vai ficando a sua energia, e de repente ela preenche todo o planeta. E num segundo você sai do planeta e vê a Terra bem pequenininha lá embaixo.

E você está no astral. E daí do astral, nesse astral gostoso e abençoado, você vê uma pessoa vindo na sua direção. Essa pessoa vem sorrindo para você.

Ela abre os braços e você eleva ainda mais a sua energia.

Quem vem vindo na sua direção é o seu mestre. Abrace o seu mestre. Sorria para ele. Sinta o abraço desse mestre abençoado.

Respire fundo, sinta a sua energia poderosa agora ainda mais poderosa.

Toda emoção é bem-vinda. Sinta a energia do seu mestre. Agradeça, confie, acredite, use a sua fé, desperte a sua vitória.

• MANTRA DO EU MAIOR •

EU ME AMO E ESTÁ TUDO BEM!

NESTA VIDA ABENÇOADA EM QUE ESTOU, TUDO É PERFEITO, PLENO E BOM!

O PASSADO NÃO TEM QUALQUER PODER SOBRE MIM, PORQUE ESTOU DISPOSTA A CRIAR NOVOS E ABENÇOADOS HÁBITOS.

EU ESTOU EM MIM!

EU ASSUMO MEU PAPEL DE PROTAGONISTA DA VIDA.

ACENDO EM MIM A LUZ DA CONSCIÊNCIA DIVINA.

ESTOU FLUINDO NA ABUNDÂNCIA, PORQUE RECONHEÇO MINHAS FORÇAS INTERIORES.

RECONHEÇO O AMOR QUE EXISTE EM MIM!

ESSE AMOR É ABUNDANTE E É MEU!

EU ME AMO, ME PERDOO, ME RECONHEÇO E PERMANEÇO EM HARMONIA!

EU ME ABRO PARA O NOVO E DEIXO O FLUXO DA PROSPERIDADE FLUIR EM MIM!

SOU PRÓSPERA E SEI QUE O MELHOR ESTÁ POR VIR.

EU ME APROVO!

EU ME AMO E ESTÁ TUDO BEM!

MANTRA DO EU SOU

Respire fundo, solte o ar. Reconheça o seu corpo. Reconheça que você é uma grande vitória cheia de pequenas vitórias à sua volta.

Tudo vai fluindo de forma abundante e próspera.

Apenas respire fundo.

Solte o ar. Puxe o ar de forma abundante e deixe-o /sair levando embora tudo o que você não quer mais. Por enquanto, se preocupe apenas com a sua respiração, com você, com seu corpo.

Reconheça o momento em que está. Respire. Agora repita mentalmente:

O MEU CORPO, A MINHA FORMA DE ME VESTIR E A MINHA IMAGEM NÃO DEFINEM QUEM EU SOU NEM A MINHA CAPACIDADE, TAMPOUCO O MEU VALOR!

EU SOU UM TODO, E NÃO UM FRAGMENTO!
EU SOU CAPAZ!

SOU MENTE PROGRESSIVA E TUDO ESTÁ BEM NO MEU MUNDO.

EU ME ABRO PARA O NOVO E DEIXO O FLUXO DA PROSPERIDADE FLUIR EM MIM.

SOU PRÓSPERA! SOU ABUNDANTE. SOU UM CÍRCULO INFINITO DE VIRTUDES!

EU ME AMO E ESTÁ TUDO BEM! EU SOU CAPAZ!

SOU MENTE PROGRESSIVA E TUDO ESTÁ BEM NO MEU MUNDO.

EU ME ABRO PARA O NOVO E DEIXO O FLUXO DA PROSPERIDADE FLUIR EM MIM.

SOU PRÓSPERA! SOU ABUNDANTE. SOU UM CÍRCULO INFINITO DE VIRTUDES!

EU ME AMO E ESTÁ TUDO BEM!

Respire, solte o ar. Vá se sentindo mais próspera, mais abundante, mais querida. Trabalhe a sua respiração, a sua energia, a sua prosperidade. Vá trabalhando em você e percebendo como as coisas vão ficando diferentes na sua vibração.

Perceba o que você pensa, sente e vibra.

MEDITAÇÃO PARA DESPERTAR A MENTE CONSCIENTE

Respire fundo. Tudo começa na respiração.

Concentre-se e comece a mandar para a sua mente toda ordem de positividade.

Toda afirmação tem muito poder.

Respire fundo, solte o ar e vá revigorando suas células, suas microcélulas.

Nesse momento você percebe que já vai ficando melhor.

Desperte sua mente consciente para que ela possa produzir as melhores ideias a seu favor, dizendo a você o quanto você é inteligente, o quanto você é prospera e abundante, o quanto você se ama e está tudo bem.

Você acredita na sua fé, na sua força espiritual, no seu melhor, e que agora você derruba qualquer tipo de crença que pode estar te atrapalhando de prosperar, de avançar e de viver no melhor.

A partir de agora você tomou posse de tudo aquilo que está disponível para você sendo positivo, e o positivo vem para a sua vida.

Nesse momento você relaxa e percebe que a sua mente produz só ideias boas.

Dizendo para você o quanto você é saudável e inteligente.

Nesse momento você percebe a sua saúde sendo renovada, percebe também a sua prosperidade sendo renovada.

Você já aceita o seu melhor, e assim a sua mente, a partir de agora, vai produzir pensamentos ainda mais positivos, e a partir de agora você também vai perceber que tudo aquilo que você olhar será por um viés positivo.

Aprendendo com cada situação, deixando para trás o papel de vítima que não combina mais com você.

O papel de vítima funciona como uma roupa velha que não te serve mais e que você simplesmente descarta no lixo.

Nesse momento você veste uma roupa de protagonista da própria vida. Uma roupa bonita, próspera e iluminada.

Ela brilha tanto que parece ouro, como a prosperidade que está em você. E o seu melhor começa a acontecer de dentro para fora. E você toma as melhores decisões na sua direção, decidindo ser melhor, se colocar em primeiro lugar e sabendo que tudo está concorrendo para o bem.

Respire com mais tranquilidade e decida que, a partir de agora, você está onde você se põe, e você se coloca no melhor, com a roupa de protagonista.

Então respire fundo e perceba que, ao respirar, já está investindo em você. Então invista agora no futuro saudável.

O futuro inteligente, de acesso ao novo nível, que te eleva para que você possa tomar posse de tudo aquilo que está no Universo disponível para o seu melhor.

E é o seu melhor que começa a acontecer a partir de agora. Respire e agradeça tudo de bom que já te aconteceu.

Todas as pessoas que estão à sua volta e que, de um jeito ou de outro, te ajudaram para que você pudesse dedicar este tempo para estar aqui com você, e tudo aquilo que você decidiu fazer ou não fazer para ter esse momento com você.

E tudo aquilo que, a partir deste momento, você vai decidir na sua direção. Respire fundo e sinta tudo isso e o melhor dentro de você.

AFIRMAÇÕES PODEROSAS PARA USO DIÁRIO!

Respire fundo, se concentre, leia as afirmações em voz alta, com firmeza, para o seu subconsciente gravar e o seu corpo sentir. Após cada uma das afirmações, repita: “Eu me amo e está tudo bem”.

"ACEITO E ME COLOCO NO MELHOR."

"MINHA CONFIANÇA, AUTOESTIMA E SABEDORIA ESTÃO CRESCENDO A CADA DIA."

"ACEITO MUDANÇAS E POSSO FACILMENTE ME AJUSTAR A NOVAS SITUAÇÕES."

"ESTOU FAZENDO UM MUNDO MELHOR, SENDO UMA INFLUÊNCIA PODEROSA E POSITIVA."

"ESTOU EM PAZ COM A MINHA VIDA."

"TENHO A HABILIDADE DE CONSTRUIR POSITIVAMENTE UM MUNDO MELHOR PARA MIM E PARA AS PESSOAS DE QUEM TANTO GOSTO."

"SOU GRATA PELO QUE RECEBO NA MINHA VIDA."

"MINHAS DIFICULDADES SÃO OPORTUNIDADES DE CRESCIMENTO PESSOAL."

"FELICIDADE É UMA ESCOLHA, BASEIO MINHA FELICIDADE NAS CONQUISTAS E BÊNÇÃOS QUE RECEBI."

"ACREDITO EM MIM E NA MINHA CAPACIDADE DE TER SUCESSO."

"TENHO A CAPACIDADE DE CRIAR O PROCESSO E A PROSPERIDADE QUE TANTO DESEJO."

"EU INVISTO EM MIM."

"MINHA HABILIDADE DE VENCER OS DESAFIOS É ILIMITADA. MEU POTENCIAL PARA O SUCESSO É INFINITO."

"TENHO AS QUALIDADES NECESSÁRIAS PARA SER BEM-SUCEDIDO."

"DEIXO O PASSADO E VIVO TOTALMENTE NO PRESENTE."

"TODO DIA ESTOU PREPARADO PARA CRESCER EM CORPO, MENTE E ESPÍRITO."

"MEU CORPO É SAUDÁVEL, MINHA MENTE É BRILHANTE, MINHA ALMA É TRANQUILA."

"MEU CORPO ESTÁ SE CURANDO E ME SINTO MELHOR A CADA DIA."

"MEUS ERROS SÃO DEGRAUS PARA O MEU SUCESSO, PORQUE APRENDO COM ELES."

"TENHO PODER, CONFIANÇA E CAPACIDADE PARA CONQUISTAR TODOS OS MEUS OBJETIVOS."

"TENHO FORÇA E HABILIDADE PARA VENCER QUALQUER DESAFIO QUE A VIDA ME APRESENTAR."

"CONFIO EM MIM MESMO E MINHA INTUIÇÃO E SABEDORIA SÃO MEUS MELHORES GUIAS."

"ATRAIO SEMPRE COISAS BOAS."

"TENHO SAÚDE."

"SOU ABUNDANTE."

"EU ME PERMITO SONHAR."

"ABANDONO QUALQUER CULPA QUE ME ATRAPALHE DE EVOLUIR."

"RECONHEÇO E AGRADEÇO TUDO DE BOM QUE ME ACONTECE."

Conclusão

Hora de balançar a bandeira da chegada, hora de subir no pódio ou simplesmente ir diante do espelho e se dar os parabéns!

Uma vez li uma pesquisa que me deixou triste como escritor; essa pesquisa dizia que 92% das pessoas não chegam até o final da leitura dos livros que iniciam.

Que bom que você leu este livro até o final. Parabéns!

Eu estou muito feliz que você tenha chegado até aqui, porque sei que agora você está pronto para cocriar a realidade vitoriosa da sua nova vida.

QUANDO ESTAMOS NA VIBRAÇÃO CERTA, SOMOS PRODUÇÃO DE FREQUÊNCIA PARA A CONEXÃO POSITIVA. É ATRAVÉS DA NOSSA MENTE QUE NOS CONECTAMOS COM O UNIVERSO E ATRAÍMOS UMA INFINIDADE DE BÊNÇÃOS.

Você agora já treinou a sua mente para se colocar no padrão positivo.

Nada mais de ficar no lugar de vítima! Isso não é só por hoje, é para sempre! Prosperidade é treino.

Você já entendeu que as coisas ruins que vêm para você são atraídas pela sua energia. Nada mais desse papo de "karma".

Karma nada mais é do que repetição. Algo muito forte em você, que já fez em outras vidas e continua repetindo nessa.

Vamos trocar esse karma por um "dharma", que é muito melhor. Dharma é tudo aquilo de bom que você constrói na direção da vida que quer ter.

COLOQUE-SE NO LUGAR
DE *vencedor*,
de protagonista
E CONSTRUA A SUA
REALIDADE

Acredite. Lembre-se das suas forças, das dimensões da vitória e que tudo o que existe no visível começa antes no invisível.

Você chegou ao fim desta leitura, mas a jornada está só começando. Este é um conteúdo para ser revisitado, lembrado, relido tantas vezes quanto necessário.

Você sabia que, quando você lê outra vez um mesmo livro, experimenta uma leitura completamente diferente? Sim, porque você é uma pessoa diferente. Você já atingiu outro nível e agora está preparado para ter percepções e fazer downloads que não fez da primeira vez.

Por isso que você não pode desistir nunca. Volte, estude de novo. Refaça os exercícios.

Tenho certeza de que hoje você já está muito melhor do que quando começou esta leitura, mas não precisa se acomodar.

Não precisa aceitar pouco.

Você nasceu para o melhor, e é esse melhor que eu quero que você vá buscar.

Você sempre estará no lugar onde se colocar. Onde você está agora? Para onde quer ir?

Eu quero o melhor. Eu me coloquei no melhor e é onde estou.

E é aqui, no melhor, que estou te esperando para te receber com um abraço bem apertado!

Um abraço de vitoriosos!

ANOTAÇÕES

WILLIAM SANCHES

Te espero nas redes sociais

www.williamsanches.com

Canal William Sanches
Canal Lei da Atração Sem Segredos

@williamsanchesoficial

/williamsanchesoficial

/williamsanchesoficial

Conheça os *meus livros*

Livro: **Método de Ativação Quântica YellowFisic –** Afirmações Mágicas de Poder

Livro: **Destrave seu Dinheiro** – Método Express de Cocriação de Nova Realidade Financeira

Livro: **Em Mim Basta! –** O Poder de Pular Fora Quando Nada Mais Faz Sentido

Livro: **50 perguntas sobre Lei da Atração para Iniciantes**